NOS HOMMES A NU

DU MÊME AUTEUR

Le Chagrin des autres, Anne Carrière, 1993.
Plus fort que le destin, Anne Carrière, 2002.
Pères d'aujourd'hui, filles de demain, Anne Carrière, 2003.

Valérie Colin-Simard

NOS HOMMES À NU

Plon

ISBN : 2-259-20000-1

Pour Antoine,

« Si tu peux voir détruit l'ouvrage de ta vie
Et sans dire un seul mot te mettre à rebâtir,
Ou perdre d'un seul coup le gain de cent parties
Sans un geste et sans un soupir ;
Si tu peux être amant sans être fou d'amour,
Si tu peux être fort sans cesser d'être tendre
Et, te sentant haï, sans haïr à ton tour,
Pourtant lutter et te défendre ;
Si tu peux supporter d'entendre tes paroles
Travesties par des gueux pour exciter des sots,
Et d'entendre mentir sur toi leurs bouches folles
Sans mentir toi-même d'un seul mot ;
Si tu peux rester digne en étant populaire,
Si tu peux rester peuple en conseillant les rois
Et si tu peux aimer tous tes amis en frère
Sans qu'aucun d'eux soit tout pour toi ;
Si tu sais méditer, observer et connaître
Sans jamais devenir sceptique ou destructeur ;
Rêver, mais sans laisser le rêve être ton maître,
Penser sans n'être qu'un penseur ;
Si tu peux être dur sans jamais être en rage,
Si tu peux être brave et jamais imprudent ;
Si tu sais être bon, si tu sais être sage
Sans être moral ni pédant ;
Si tu peux rencontrer Triomphe après Défaite
Et recevoir ces deux menteurs d'un même front,
Si tu peux conserver ton courage et ta tête
Quand tous les autres les perdront,
Alors les Rois, les Dieux, la Chance et la Victoire
Seront à tout jamais tes esclaves soumis
Et, ce qui vaut bien mieux que les Rois et la Gloire,
Tu seras un homme, mon fils. »

Rudyard Kipling, *If*
(traduction de Paul Eluard).

Introduction

Il était courant de dire que les femmes sont un mystère. C'est aujourd'hui le tour des hommes. Jusque-là, ils s'étaient efforcés de présenter une façade monolithique. Ils se voulaient forts, orgueilleux, protecteurs et ne voulaient en aucun cas prendre le risque de perdre leurs prérogatives. Peu importait si ce qu'ils vivaient à l'intérieur était autre, ils avaient été éduqués à taire leurs sentiments : ne pas pleurer, ni se plaindre, encore moins dévoiler leur intimité. Montrer leurs émotions était pour eux un acte presque méprisable. Je me suis mise à observer et à poser des questions très indiscrètes aux hommes que je rencontrais. Ils me répondaient avec plaisir, feu et passion. Ils étaient heureux de pouvoir se confier. Rarement ils avaient eu l'occasion ainsi de parler de leur univers intime. De mon côté, jamais je n'avais entendu d'hommes se livrer à ce point. C'était émouvant, grave, palpitant. Ces hommes étouffaient sous le poids de leur silence. Ils ne demandaient qu'à s'exprimer sur un sujet qu'ils imaginaient être le domaine réservé des femmes : leur vie privée.

J'allais de découverte en découverte. Ces hommes vivaient un profond changement, mais leur évolution était intime, souterraine, profonde. Les femmes avaient conquis le droit à la liberté. Les hommes étaient maintenant en train de conquérir la leur, mais cette liberté, à eux, était intérieure. A leur manière, ils faisaient leur révolution. Pas sur le terrain des lois, comme l'avaient fait les femmes, plutôt sur celui de leur vie personnelle, privée.

C'était aussi une révolution solitaire qu'ils menaient, chacun dans son coin, se croyant seuls de leur espèce, presque dans la clandestinité. Je me suis rendu compte que, contrairement aux femmes, les hommes n'avaient aucun espace pour parler publiquement de leurs désirs, de leurs besoins, de leurs difficultés à aimer. Les femmes, elles, ont leurs journaux. Elles ont leur tribune, peuvent y faire valoir leurs états d'âme, leurs revendications et leurs colères. Les hommes, non. Les nouveaux journaux masculins apparus récemment sur le marché ne parlent que de corps et de sexe. A les lire, on pourrait presque se demander, comme on le faisait des femmes il y a quelques siècles : les hommes ont-ils une âme ? Comme si, dans la sphère publique, les sentiments des hommes étaient encore tabous.

J'ai voulu franchir cette frontière, cette limite, cet interdit. J'ai voulu entendre et faire entendre la parole des hommes sur leur vie privée, personnelle. Savoir quels étaient leurs choix, ce qui motivait leurs décisions. C'est l'une des raisons d'être de ce livre. Faire émerger au grand jour un mouvement jusque-là souterrain.

Si j'écris ce livre, c'est aussi pour les femmes. Elles ont dû dépenser tant et tant d'énergie à se battre sur tous les fronts qu'elles en ont souvent oublié de regarder l'évolution des hommes. C'est à une séance accélérée et intensive de rattrapage que je les convie avec moi. Ce livre leur était au départ destiné. Je cherchais à comprendre et à leur faire comprendre les changements des hommes d'aujourd'hui. Je voulais leur donner des clés pour vivre mieux et faire la paix avec ceux qui partageaient leur vie.

J'avais même pensé un instant intituler ce livre « Ce que les hommes pensent de vous ».

En cours de route, j'ai changé de cap. Au fil de mon enquête, je me suis aperçue que les hommes ne comprenaient pas eux-mêmes les changements que pourtant ils vivaient. C'est donc à eux que je m'adresse directement ici. A travers ce livre, j'ai l'ambition de les éclairer sur un aspect caché d'eux-mêmes. J'ai fait ce que peu d'hommes ont la possibilité de faire aujourd'hui : recueillir les confidences de nombre d'entre eux. Ils ont bien voulu partager avec moi leurs espoirs et leurs peines, leurs souffrances et leurs joies. C'est leur expérience que je cherche à transmettre ici.

On me demande souvent comment je les ai choisis. Chaque interview est le fruit d'une rencontre. Chaque fois, j'avais posé mes conditions, il fallait que la personne interrogée soit en recherche, s'interroge sur sa condition d'homme et surtout accepte de parler d'elle-même sans fard ni tabou. Peu importait son âge, pourvu qu'elle soit ouverte au changement et à la remise en question.

Le phénomène de société dont il est question ici concerne toutes les générations. S'il touche davantage les plus jeunes, c'est que, après trente-cinq ans, certains hommes – de plus en plus rares – ont déjà fermé leur porte, se contentant de ce que leurs parents leur ont appris et de ce qu'ils ont compris de la vie. Ce n'est pas une fatalité. D'autres – de plus en plus nombreux – n'en finissent pas de se renouveler et de grandir. C'est d'ailleurs une des caractéristiques des hommes d'aujourd'hui. Quel que soit leur âge, ils sont avides de compréhension, cherchent à se construire. Ils sont ouverts à l'évolution et au changement.

Nous avons tous besoin de nous comprendre les uns les autres, et l'ambition de cet ouvrage est de mettre en lumière les hommes d'aujourd'hui. Merci à ceux qui ont accepté de témoigner dans ce livre. Ils ont tous eu le courage de dévoiler certaines de leurs faiblesses. Ils sont en recherche. Ils sont en éveil. Ils sont de leur temps.

PIERRE

« L'homme, c'était ma femme. »

Il a trente-neuf ans, il est écrivain et travaille comme concepteur rédacteur dans une grande agence de publicité internationale. Pierre est père de trois enfants de dix, sept et trois ans. Le jour où je l'ai rencontré, il était vêtu d'un jean et d'une chemise de bûcheron rose qui réconcilierait à elle seule les deux symboles du masculin et du féminin. Grand, musclé, séduisant, il a le visage poupin et fatigué. Ses cernes et son teint défait trahissent la douleur. Du jour au lendemain ou presque, sa femme l'a quitté après douze ans de mariage. Ils se connaissaient depuis seize ans.

Après avoir habité une petite chambre de bonne de sept mètres carrés puis un studio au rez-de-chaussée prêté par ses parents dans lequel il se sentait étouffer, il a déménagé dans un vrai appartement deux mois auparavant. Mais n'a pas pour autant encore déballé ses cartons. Il se prête facilement au jeu de l'interview et semble heureux d'avoir enfin l'occasion de déposer un peu son fardeau.

Ma révolution à moi ? Elle est contrainte et forcée. Nous, les hommes, sommes acculés à cette révolution par les femmes. Sans l'avoir vraiment voulue. Il y a chez elles un jusqu'au-boutisme qu'il n'y a pas chez nous, notamment dans la vie de couple. Quand elles ont décidé d'interrompre une relation, je l'ai constaté à la lumière de ce qui m'arrive, c'est terrifiant. Un orage nous tombe dessus. Et c'est irréversible, il n'est même plus question de revenir en arrière. Je parle de moi, bien sûr.

Allez, je me lance... Les femmes aujourd'hui ont quelque chose de dur. C'est ce qui me frappe. Elles ont dû se barricader sur de nombreux plans, notamment sexuel. Elles ont obtenu la liberté de travailler, de décider de leur vie, d'avoir ou non un enfant. Elles ont envie que l'on soit machos sans être violents, sensibles sans être faibles. Un énorme malentendu s'est instauré entre nous. J'ai essayé d'être sensible, d'être gentil. Dans mon couple, à un moment, les rapports se sont inversés. L'homme, c'était ma femme.

Isabelle est devenue celle qui faisait tourner la maison, s'occupait des papiers, dirigeait la famille, elle en était le moteur. Moi, je suis un peu ailleurs, dans les idées, dans mes pensées, c'est mon tempérament. Je me suis très commodément réfugié dans un statut de rêveur, de type qui n'a pas les pieds sur terre, qui ne sait pas poser une étagère. Il n'y avait entre nous aucun rapport de force. Nous étions sur un total pied d'égalité. Il lui arrivait de poser une étagère avec une grosse Black & Decker pendant que je changeais les enfants. De temps en temps, elle gagnait plus d'argent que moi. Et je n'en ai jamais pris ombrage. Pour le coup, ce n'était pas là que je plaçais mon orgueil. Je pense qu'elle aimait en moi une forme de sensibilité derrière ma carcasse de grand balaise. Je revendique une certaine forme de féminité, de vulnérabilité grâce à laquelle j'ai écrit mes livres. Je ne suis pas monolithique. Je ne suis pas pour autant un pleurnichard.

C'était elle qui pensait à tout. Elle assumait aussi bien son rôle de femme, jolie, pomponnée, que le ménage, les courses, les poubelles, les papiers, le boulot, les pieds sur terre, une famille, trois enfants, et moi, je me suis reposé sur elle. Elle me l'a terriblement reproché.

A un moment, elle m'a simplement dit : « Je ne peux pas en plus m'occuper d'un quatrième enfant qui serait en réalité un homme s'étant dépossédé de ses prérogatives. » Elle aurait aimé de temps en temps que je lui oppose quelque chose de plus fort, que je sois non pas macho mais plus ferme, plus décidé, avec les attributs masculins que l'on octroie habituellement aux hommes. C'était un malentendu. J'avais affaire à une femme autonome, forte, qui serrait tellement les dents qu'elle n'avait plus besoin de moi, qui se passait bien de mes témoignages de tendresse : une épaule, un geste, une façon d'être galant, de lui dire un mot, de lui dire qu'elle était belle.

On était devenus de super amis, fiers qu'il n'y ait pas eu au sein du couple d'ascendant de l'un sur l'autre. Je faisais le ménage autant qu'elle, on alternait. Nous prenions les décisions ensemble, nous étions complices, mais à force d'être comme des frères et sœurs ou les meilleurs amis du monde, nous avions juste oublié d'être un homme et une femme.

Nous avions vécu sur nos lauriers, en roue libre. C'est révélateur des nouveaux liens qui se sont instaurés entre femmes et hommes. Deux entités autonomes qui ont souvent vécu seules pendant longtemps avant de se marier ou de vivre ensemble, qui se sont très très bien débrouillées, qui souvent travaillent l'une comme l'autre, et qui sont en fait deux bulles qui se frottent de temps en temps la nuit à 3 heures du matin mais ne se jettent plus l'un vers l'autre des petites passerelles mettant de l'huile dans les rouages et permettant de se comprendre. Aujourd'hui l'homme ne mesure plus la vulnérabilité ou le besoin d'affection d'une femme. De son côté, une femme ne mesure pas non plus le désarroi que l'on peut, nous, connaître à cause de cela. On ne sait plus très très bien sur quel pied danser. Et moi, honnêtement, aujourd'hui, je ne sais plus sur quel pied danser vis-à-vis des femmes.

Après avoir obtenu ce qu'elles voulaient, les femmes se sont durcies parce qu'elles ne désiraient pas entrer dans le jeu dont leurs mères ont souffert. Et nous, les hommes, nous sommes décontenancés.

Elles ont été tellement sur la défensive ces dernières années que l'on se trouve face à des personnages terribles. Elles ont souvent accédé à des postes à responsabilité. Par exemple ma responsable directe a vingt-sept ans. Elle a un poste important, dirige, se trouve parfois dans des rapports de force durs et, en même temps, assume sa féminité, porte des dessous La Perla, petits strings super top sexy et joue de la séduction. Dans mon travail, je suis entouré de femmes ravissantes qui ont entre vingt-cinq et trente ans, qui sont intelligentes, jolies, sexy, drôles. Avec elles, les hommes sont extrêmement à l'aise, peut-être trop d'ailleurs car, du coup, le malentendu se perpétue. Je m'aperçois que, le week-end, des filles qui ont tout pour elles ont regardé la télé pendant vingt-quatre heures et ont vu des émissions improbables sur Arte, à 4 heures de l'après-midi. C'est désespérant. Je me dis : « Qu'est-ce qu'elle foutait à regarder la télé à cette heure-là ? » Il y a vraiment quelque chose qui ne va pas. Ces femmes-là souvent rentrent seules chez elles le soir. Elles sont claquemurées dans l'univers qu'elles se sont construit. Je suis parfois désespéré de voir qu'elles sont dans leur tour d'ivoire et qu'elles n'ouvrent aucune issue pour que l'on vienne les chercher. Elles sont seules comme des princesses que personne ne viendrait délivrer. Elles sont restées romantiques, elles sont restées fragiles, elles attendent le grand amour. Peut-être qu'elles ont fermé une porte de trop.

Nous, on ne sait plus très bien comment faire. Tantôt elles nous disent : « Comportez-vous comme des mecs, allez-y franchement, arrêtez de nous faire des salamalecs avant de nous prendre dans vos bras. » Tantôt c'est : « Vous en êtes encore là ! C'est terrifiant. Parce que vous nous avez invitées au restaurant, vous vous imaginez que nous allons monter dans vos chambres. » J'entends les deux discours. Les femmes ne sont plus dupes de rien et nous regardent avec un humour réfrigérant dans les yeux. Nous, les hommes, avons l'impression d'être détaillés, dépecés, analysés de la tête aux pieds, et que, franchement, les femmes, on ne la leur fait plus.

Je ne sais pas si les hommes sont très heureux en ce moment. Une révolution est indispensable. Dans mon milieu professionnel, je suis frappé de constater qu'il n'y a pas grand-monde d'heureux.

Aujourd'hui, je vis séparé de ma femme. Je suis encore obsédé par mon histoire, je cherche à préserver mes enfants. Les filles que je rencontre, je leur dis où j'en suis, et en particulier que je donnerais tout l'or du monde pour vivre à nouveau avec ma femme. Que j'ai trois enfants, que je suis encore convalescent sur le plan sentimental, que pour autant je suis tout seul, et que de temps en temps je n'aime pas dormir seul et que ça m'amuse de faire la fête, que je suis évidemment sensible aux femmes. Je ne leur cache rien. Elles jouent le jeu ou pas, mais elles savent ce qu'elles font. Je n'ai plus d'alliance au doigt mais je ne leur dis pas que je suis libre comme le vent. Pas question pour moi de mentir.

Résultat : j'ai eu deux ou trois aventures car j'ai eu besoin d'une forme de tendresse. L'amitié, l'affection, j'en ai plein car j'ai la chance d'avoir beaucoup de copains et d'amis, d'être entouré, mais il y a une forme de douceur et de tendresse que seule une femme peut prodiguer. J'ai l'impression d'être un blessé. Les femmes m'apportent du baume au cœur et au corps, de la plénitude, de la tendresse, de la douceur, toutes ces choses que j'attends d'elles aujourd'hui.

Actuellement, je vois des femmes qui se comportent comme des hommes et des hommes qui se comportent comme des femmes. J'en suis un vivant exemple. Je me suis laissé aller à quelque chose qui ne me correspondait pas ni même à l'idée que se faisait Isabelle des hommes. Elle a été élevée dans un milieu de garçons avec un père militaire, assez monolithique, assez carré, et je pense qu'elle m'a aimé pour mes fragilités, pour mon côté rêveur, idéaliste.

Notre séparation a été horrible. Comme dans les films. C'était il y a un an. Je l'ai surprise dans les bras de mon meilleur ami. Cela n'allait pas très bien entre nous depuis quelque temps, mais je le mettais sur le compte de la fatigue. Nous avions monté notre entreprise, nous avions eu de gros soucis financiers, les huissiers étaient venus. Nos meubles ont été saisis. C'était dur. Nous avions travaillé comme des brutes pour remonter la pente. Nous n'avions plus aucune respiration, nous ne faisions que gérer le quotidien. Cela nous a fragilisés.

Les difficultés jusque-là nous avaient rapprochés, elles nous ont cette fois-ci séparés, durcis. Et Isabelle est devenue suffisamment vulnérable pour tomber amoureuse de quelqu'un d'autre, ce que je peux comprendre. Ensuite, je trouve qu'elle a fait le deuil de notre histoire trop rapidement. Je suis tombé des nues, du dixième étage. J'étais malheureux.

Cela faisait seize ans que nous étions ensemble.

Ma première obsession a été de la récupérer. J'ai donc essayé de réagir correctement et surtout de ne pas céder à la violence. J'ai tout de suite vu que cela ne servirait à rien. Je lui ai dit : « Cela t'est arrivé, cela aurait pu m'arriver. Je comprends mais je considère que tu te trompes. Tu te fourvoies en plantant derrière toi ta vie, tes enfants. Cela m'ouvre les yeux sur l'amour que je te porte, que je ne t'ai pas assez montré. Pour moi, c'est un nouveau départ, c'est une chance. » Je le lui ai dit cinq minutes après avoir pris le skud en pleine tronche. Au lieu d'aller casser la gueule à mon meilleur ami.

Peut-être attendait-elle de moi que j'agisse beaucoup

plus violemment, que je hurle, que je prenne le mec et lui fasse la tête au carré. Elle a vu quelqu'un qui n'agissait pas avec ses tripes, mais avec son cerveau. Je ne me sens pas dans la vie. Je me sens toujours comme derrière une vitre. J'ai l'impression que c'est un film qui se déroule sous mes yeux, que je suis en train d'y assister, mais que rien ne me touche. De temps en temps, j'aimerais avoir des réactions presque physiques. Parfois, je devrais être en colère, je ne suis pas en colère. Je devrais être révolté, je ne le suis pas. Là, une fois de plus, j'ai vu tout cela avec un recul effrayant, et au lieu de tout péter, d'aller voir le type, de lui foutre un poing dans la gueule, d'être malheureux, de pleurer, de crier, je me suis posé, j'ai essayé d'analyser les événements et de parler calmement. Aujourd'hui, avec le recul, je pense qu'il aurait fallu lui casser la gueule.

Quelque temps après l'avoir surprise, j'ai fait une chose que je n'avais jamais faite auparavant et que je ne referai plus jamais. Isabelle m'a poussé à bout. Je me suis retourné et je lui ai foutu une tarte ! Mais vraiment une belle, comme Lino Ventura dans *La Gifle*, le film de Claude Pinoteau. J'étais complètement désarmé, je ne savais plus quoi dire. Je crois qu'elle me cherchait, qu'elle voulait me pousser dans mes retranchements. Je pense que, d'une certaine façon, elle l'attendait et que cela l'a presque rassurée. C'était l'expression la plus stupide de l'amour mais c'était une forme d'amour.

Après, je m'en suis voulu mortellement. Et je suis allé lui dire que je m'en voudrai toute ma vie. Et c'est très curieux parce que, ce jour-là, elle a eu peut-être le dernier geste vraiment de grande tendresse vis-à-vis de moi. Elle m'a serré très fort dans ses bras et m'a dit : « Je comprends que tu en aies eu envie. » Elle a presque justifié mon geste.

Elle m'a reproché de ne pas être assez dans la vie et peut-être que, de façon générale, les hommes d'aujourd'hui sont ainsi. En tant qu'auteur, en tant qu'observateur de la vie, peut-être que je suis une représentation non pas caricaturale mais un peu plus dense de ce que sont les hommes à notre époque.

Nous sommes toujours en retrait. Par exemple je n'ai jamais assisté à l'accouchement de mes enfants. Je le refusais absolument. Les infirmières venaient me chercher à l'autre bout de l'hôpital. Il y a sûrement là une part de lâcheté et une volonté de ne pas voir la réalité en face. Mes bébés, mes enfants, on me les a apportés avec un petit pull, un petit bonnet, des petites chaussettes, comme si une cigogne venait de les déposer. Je n'ai pas voulu voir que ça saigne, que ça fait du bruit, qu'une femme souffre le martyre.

Isabelle avait l'air d'accord. Elle avait de la pudeur. Si elle me l'avait demandé, je serais resté. Mais encore une fois, elle n'avait pas besoin de moi, elle s'est débrouillée seule. Moi, je suis revenu quand la bataille était finie.

Il y avait un malentendu entre Isabelle et moi. Elle attendait que j'ouvre enfin les yeux, et je me disais : « Elle ne me demande rien. » Entre elle et moi, ce qui n'était qu'un tout petit malentendu est devenu le Grand Canyon jusqu'à ce que l'on se sépare vraiment. Elle n'a jamais tenté de communiquer avec moi, elle ne m'a jamais rien dit ni menacé de quoi que ce soit. Elle me voyait ne pas me réveiller le matin, descendre trois quarts d'heure après elle alors que, depuis le début de la journée, elle s'occupait des courses, des enfants, des écoles, des papiers. Moi, je donnais un petit coup de main de temps en temps et j'allais travailler. Je n'avais même pas le côté rassurant du mari qui revient avec un gros chèque à la fin du mois.

La bohème avait été délicieuse quand nous avions vingt ans. A l'épreuve de la vie, elle ne l'a plus supportée.

Quand on a trois enfants et que la vie vous rattrape, on peut être drôle, dandy et écrire de très jolis livres, ce n'est plus suffisant.

Elle a eu le sentiment de serrer les dents et de faire le boulot seule, que personne ne la comprenait. En plus, il fallait qu'elle soit pomponnée et sexy le soir. Elle m'a dit : « Au bout d'un moment, j'ai eu le sentiment que tu me prenais vraiment pour une imbécile. J'ai senti cette humiliation de façon très forte. » Pourquoi ne l'a-t-elle pas dit ? C'est pour moi la grande interrogation. Parce que je suis un homme distrait, mais de bonne volonté. Quand on me dit les choses, je les fais. J'ai regardé le film *Forest Gump* hier à la télévision. On est tous un peu des Forest Gump. On est des bons gars. Il faut juste nous ouvrir un peu les yeux.

Isabelle s'était fait une telle image de notre couple qu'elle avait mis la barre trop haut. Il y a eu un manque d'humilité de sa part. Elle ne me demandait jamais rien. Jamais elle ne m'a dit : « Pierre, si on continue comme ça, on va droit dans le mur » ; ou « Pierre, j'en ai marre, je ne vais pas bien du tout ». Elle a serré les dents, elle s'est enfermée dans une logique de martyre et elle a attendu que le ressort pète. L'autre sur ces entrefaites, un peu comme Superman, est arrivé au bon moment.

Le petit champ que représente un lit est révélateur. Elle attendait peut-être que je sois plus dominateur. Peut-être que je n'ai pas été complètement moi-même non plus. Cela ne se passait pas comme cela aurait dû se passer. Sincèrement. J'ai toujours eu le sentiment que cela se passait bien, mais aujourd'hui, à la lumière de ce que j'ai vécu depuis, ce n'était pas si formidable.

J'avais sans doute une pudeur avec elle. J'avais une admiration et un respect infinis pour cette femme, et je mettais l'amour que j'avais pour elle au-dessus de tout. Je ne me suis donc pas complètement lâché avec elle comme je me lâche aujourd'hui avec des filles. Avec elles, je sais qu'il n'y a aucun enjeu.

Ma femme, je la respectais trop. D'une certaine façon, elle m'a toujours intimidé. C'est pour moi quelqu'un d'absolument exceptionnel. Elle force l'admiration de tous ceux qui l'approchent. Elle est belle, créative, extrêmement douée. Très intelligente. Je l'ai terriblement idéalisée. Elle a tout. De plus, elle est vraiment drôle.

Elle en a bavé et je me le reproche énormément.

Au tout début, Isabelle était une fille fragile et très nerveuse. J'osais à peine la toucher. Elle avait un souci de ce côté-là. J'avais parfois l'impression qu'elle se tordait comme un arc. Il avait fallu la réapprivoiser. Elle était sur la défensive et sur ses gardes de ce point de vue-là. Et puis après, cela s'est bien passé. Ce n'était pas exceptionnel. On n'en parlait jamais. Question d'éducation. Elle a été élevée par des parents rigides qui ne lui ont jamais appris à communiquer ses émotions. Cela ne se faisait pas de rire à table, de parler à table, d'être ému, d'être touché. A dix-huit ans et trois jours, elle est partie de chez elle. Elle avait envie de respirer. Elle est allée dans une école d'art, elle s'est exprimée par la peinture. Moi, j'ai eu une éducation assez classique, moins stricte. Mon père était journaliste. Il y avait des gens assez farfelus à la maison. Mes parents ont toujours fréquenté des artistes. Ma mère est danoise. J'ai reçu des valeurs un peu « aristo », mais plutôt souples. Je vouvoie mes parents.

Aujourd'hui, j'ai moins de complexes. Je suis du signe du Scorpion. Sur la bouffe, sur le sexe, je suis vorace. Mon premier degré est là. Je suis capable d'être excessif dans la fête. C'est ma compensation. C'est là que j'ai l'impression d'atteindre la vie absolue c'est-à-dire le plaisir. Le langage du corps est rassurant. Il est un exutoire fantastique à la vie.

Sans modestie, je passe plutôt pour « un bon coup ». Je ne sais pas comment le dire. Des femmes en ont témoigné. Je sais que ça se passe bien. L'autre jour, j'ai reçu un SMS très très flatteur, j'en étais tout rouge. C'était une Scandinave. Elle me disait : « Je ne suis plus du tout moi, c'était splendide, c'était inoubliable. »

Je n'ai pas eu le sentiment qu'Isabelle m'ait jamais considéré comme une épée. Je pense n'avoir jamais ressenti chez elle de façon régulière, constante, ce que je peux ressentir chez les femmes avec qui je fais l'amour aujourd'hui. Voilà. Il y avait toujours une réserve de sa part, une réticence. Peut-être qu'elle ne me faisait pas comprendre ce qu'elle voulait, peut-être était-elle trop passive. Je trouve les femmes désinhibées. Celles que je rencontre aujourd'hui sont actives. Au lit, les filles aujourd'hui t'indiquent exactement ce qu'elles veulent. Elles te prennent franchement la main et te guident, te manipulent. A certains moments, on se sent presque un objet. C'est parfois agréable, parfois pas.

A un moment, la semaine dernière, justement avec cette Scandinave, j'ai eu le sentiment de me laisser faire. J'ai bien senti que c'était elle qui voulait mener la danse. C'était super agréable. Elle m'a carrément plaqué au sol et c'était à elle de jouer. Cette fille clairement a pris son pied.

Dans les boîtes de nuit, on est revenu à des codes quasiment de primates. Je me dandine quatre fois. Je te fais trois sourires, on va baiser dans le parking, et puis chacun rentre chez soi. Moi, je suis un peu de l'ancienne école. Je ne suis pas un saint, j'ai eu des aventures rapides, mais pas à ce point. Je pars toujours pendant la nuit. Je ne reste jamais pour le petit déjeuner.

J'essaye ensuite de rester en contact. Même si je n'ai pas envie que cela continue, j'envoie un SMS ou j'envoie un petit mot. Je trouve que c'est la moindre des choses. Je n'éprouve pas le besoin de sortir tout le temps ni de collectionner les conquêtes. Je n'ai pas besoin de sexe pour le sexe. Une fille con comme un balai mais foutue comme une reine, je ne pourrais pas. Le contraire m'est arrivé. Et c'était génial.

Il y a aussi des filles que je vois régulièrement en leur disant et en leur répétant : « Cette histoire va peut-être s'arrêter demain. » J'imagine qu'elles sont amoureuses. Quant à moi, je ne peux pas considérer aujourd'hui que je sois tombé amoureux. Il y a des histoires de grande tendresse, de grande douceur, de grande amitié, de grande complicité, avec du sexe aussi bien sûr, mais sans que cela représente pour moi l'ombre d'un engagement.

C'est terrible parce que ce sont parfois des histoires qui durent. Je me sens presque un devoir de dire : « Souviens-toi qui je suis. » Je parle de ma femme, je parle de mes enfants, je n'occulte pas cette part de ma vie. Certaines le gèrent très bien. D'autres, moins.

Franchement, je n'aime pas trop que les femmes fassent le premier pas. Quand je peux lire à livre ouvert dans les intentions de l'autre, cela perd beaucoup de son charme. Un jour, dans une soirée, une fille plutôt jolie à qui visiblement je ne déplaisais pas est arrivée vers moi et m'a foutu la main au paquet. C'est rédhibitoire. J'ai fait un peu comme Bernard Girodeau, avec Valérie Kaprisky dans *L'Année des méduses*, le film de Christopher Frank. Je lui ai demandé sèchement si elle sentait quelque chose. Cela m'avait fait l'effet d'une douche froide, je l'ai pris de haut et je l'ai plantée là. J'ai trouvé cela insupportable.

En revanche, une autre un jour m'a sauté au cou après un déjeuner. Elle ne m'a pas laissé d'autre choix. C'est elle qui a pris l'initiative. Elle m'a coincé contre un mur et hop ! Je ne suis pas parti en courant, mais c'était clairement elle qui faisait le premier pas. Nous nous sommes revus de temps en temps. A cette époque – il n'y a pas si longtemps – j'étais très très malheureux et cela m'a donné une bouffée de joie de vivre, d'insouciance, de piquant.

Des filles m'ont dit des choses très gentilles qu'Isabelle ne m'avait jamais dites. Je n'ai pas le souvenir qu'elle m'ait mis en confiance. Et cela, c'est important. Les femmes ont besoin de compliments, nous aussi. Il a suffi que l'on me dise trois fois « qu'est-ce que tu es beau, qu'est-ce que tu es bien foutu » ou « tu n'es pas trop mal pourvu par la nature » et je me suis senti surpuissant. Par ma femme, je ne me suis pas senti reconnu.

Isabelle m'avait dit que j'étais beau, mais d'un point de vue artistique. Elle dessinait des nus au fusain, dans un atelier. Au tout début, quand on s'est rencontrés, on habitait dans une chambre de bonne et elle me dessinait.

Il m'est arrivé pendant des week-ends entiers de me retirer dans mon bureau et d'écrire pendant qu'elle était avec les enfants. Elle m'a dit : « Tu ne crois pas que moi aussi de temps en temps j'aurais aimé aller me retirer dans une pièce pour faire de la peinture ? » On travaillait largement autant l'un que l'autre pendant la semaine. A quel titre finalement était-ce à elle de s'occuper des enfants pendant que moi j'écrivais le week-end ? Elle avait raison. Nous en sommes là.

Aujourd'hui, je ne suis plus le même. Je suis transformé.

Avec elle je m'étais infantilisé. J'avais perdu de mon autonomie. J'étais devenu dépendant. Je me suis toujours positionné par rapport à ce que les autres attendaient de moi ou par rapport à ce que les gens allaient penser de moi. Aujourd'hui, j'aurais sans doute plus de courage. Il faut du courage pour être soi-même.

J'essayerais de ne pas cantonner ma compagne dans un rôle d'empêcheuse de rêver en rond. Ce serait un vrai partage des tâches mais en même temps avec une volonté de ne pas non plus m'effacer. Je n'ai pas été là au moment de l'accouchement. Je n'ai pas voulu voir cette vérité. Si j'ai un jour à nouveau un enfant, j'aurai envie cette fois-ci d'être présent. De ne pas me dérober.

Un des grands luxes que l'on peut s'offrir quand on a bientôt quarante ans, c'est de ne plus avoir peur. On se fout de ce que les gens vont penser. J'ai l'impression de me recentrer. De m'être longtemps leurré sur beaucoup de choses, sur ma volonté de réussir, sur le plan matériel. Par le passé, j'ai voulu briller, en mettre plein la vue. Ma vie ressemblait à un catalogue. Tout allait bien, j'avais de beaux enfants, une jolie femme, un bel appartement, une belle voiture. J'écrivais des livres, je travaillais dans la pub. Tout était parfait. Je vivais dans l'apparence. J'étais prisonnier du regard des autres.

On a manqué de naturel l'un avec l'autre. On était soucieux de vivre dans le goût de la perfection, de l'apparence, de l'esthétique. On a eu besoin d'avoir un très grand appartement et tout ce qui va avec. On se voyait dans une publicité de Calvin Klein. Il y avait de la vanité dans nos relations.

Depuis, j'ai pris tant de coups sur le plan financier, matériel et évidemment sentimental que je suis vraiment tombé de ce piédestal où je m'étais mis. Je n'ai plus rien à perdre et je m'offre ce luxe fantastique d'être vraiment moi-même pour la première fois de ma vie.

Isabelle, elle, a aujourd'hui une jolie petite maison à cinquante kilomètres de Paris qui correspond à son train de vie. Il n'y a plus d'apparat. Quand je la vois, je me dis : « C'est la maison dans laquelle nous aurions dû vivre. » Une maison toute simple mais très jolie.

Les erreurs que j'ai commises ne serait-ce que vis-à-vis d'elle, je ne pense pas les commettre à nouveau. Je pense pouvoir maintenant être ferme sans être brutal. Je pense avoir trouvé le ton juste. J'ai ma vie devant moi et c'est assez excitant de repartir sur de nouvelles bases. Les femmes ont rarement été aussi jolies qu'en ce moment, mais il y a une dimension qu'elles souvent perdent, c'est la douceur. De la même façon que, nous pouvons être fermes sans être des crétins machos, elles peuvent être douces sans pour autant être soumises. C'est peut-être ainsi que l'on arrivera enfin à se retrouver. Fort de tout ce que j'ai appris et ce dont j'ai pris conscience, j'aimerais vivre avec Isabelle une nouvelle histoire d'amour.

DIDIER DUMAS

« L'amour, c'est du travail. »

Didier Dumas habite à Gentilly un pavillon que l'on pourrait qualifier de féerique. A l'extérieur, une bâtisse blanche sans aucun signe particulier. A l'intérieur, une serre peuplée d'hibiscus, de bougainvillées et d'oiseaux siffleurs. On se croirait propulsé à Bali. La maison est à l'image de son propriétaire : hors normes. Ce psychanalyste reconnu sort des sentiers battus. Il est l'un de ceux qui ont introduit la psychogénéalogie en France et reconnu l'influence de leurs ancêtres sur les individus. Proche ami de Françoise Dolto, il a travaillé dix ans à l'hôpital auprès d'enfants autistes, persuadé que ceux-ci « avaient un rôle à remplir sur terre ». Il a également étudié les récits bibliques, la médecine chinoise, l'acupuncture et le chamanisme. Didier Dumas a publié de nombreux ouvrages. L'un de ses plus célèbres s'intitule La Sexualité masculine *(Hachette). Il est père de deux fils, et lui qui n'a pas eu de père s'est beaucoup intéressé au sujet de la paternité, convaincu que nos sociétés occidentales disqualifient le rôle du père au profit de celui de la mère. « On ne peut pas parler de l'homme sans parler de la femme, répète-t-il. Si j'en juge d'après ma clientèle, les hommes – en tout cas ceux qui aiment les femmes car certains en ont été dégoûtés – ne commencent à évoluer psychologiquement et à travailler sur eux qu'à partir du moment où ils rencontrent une femme. Et les femmes jusqu'à maintenant n'ont travaillé qu'à devenir des hommes.* » *Le décor est planté, l'interview peut commencer.*

Quels sont les nouveaux problèmes que rencontrent les hommes aujourd'hui dans leurs relations aux femmes ?

— Ces problèmes sont souvent sexuels et liés à l'évolution des mœurs.

Qu'appelez-vous « évolution des mœurs » ?

— Depuis trente ans, nous vivons une évolution des mœurs sans précédent. Elle s'est amorcée en 1894 sous la Révolution. Avant, sous la royauté, on n'avait pas besoin d'éduquer les enfants à la sexualité parce qu'on faisait l'amour devant eux. Le roi de France faisait l'amour en public. Il était normal que les enfants soient dans le lit des parents quand ils faisaient l'amour. Le jeune Louis XIII, par exemple, avait, dans sa chambre, son valet qui vivait avec sa femme, et sa nourrice qui vivait avec son mari. Il était toujours dans leur lit. Et quand il allait voir son père, celui-ci baisait en public devant lui et devant toute la Cour. A la Révolution, toutes les idéologies puritaines bourgeoises vont s'implanter. La Révolution française réprime sauvagement la sexualité jusqu'au milieu du XIXe siècle, au moment où l'Eglise récupère ses droits. Se noue alors un mariage entre la mère bourgeoise, le curé et le nouveau médecin qui va complètement prendre en charge et de façon monstrueuse la sexualité de l'enfant. Tous nos malheurs sexuels naissent en 1760 avec le livre du Dr Tissot. Il invente de toutes pièces que la masturbation engendre les pires maladies. Résultat : au XIXe siècle, la médecine dialogue pour savoir s'il faut exciser les filles au bistouri, au nitrate d'argent ou au fer rouge. Aux garçons on impose des infibulations : des anneaux soudés qui tiennent le prépuce pour que la moindre érection soit une douleur. Le XIXe siècle a fabriqué la pathologie d'aujourd'hui. A l'époque, on fait l'amour en chemise de nuit dans le noir, et seulement pour faire des enfants. Les hommes sont condamnés à ne jouir, à ne faire l'amour déshabillés qu'avec des prostituées. Le mot sexe n'existe pas dans le Littré de 1893. En 1894, le vocabulaire que nous utilisons en ce moment va être créé par la médecine. Elle emprunte les mots « sexe » et « sexualité » à la biologie, des mots employés jusque-là pour les animaux. Elle va reprendre un terme à l'ethnologie : « fétichisme », et va inventer les mots « bisexualité », « homosexualité », « hétérosexualité ». La médecine du XIXe siècle a contribué à échafauder une idéologie « mastoc » de la virilité dans laquelle l'homme est une femmelette s'il a le moindre sentiment, et un « pédé » s'il se lie d'amitié avec un autre homme. On ne laissait pas aux hommes le droit de vivre leur homosexualité au sens fort, au sens de l'amitié, au sens du besoin de se construire avec d'autres hommes...

Vous parlez d'une homosexualité platonique ?

— Peu importe qu'elle soit platonique ou charnelle, l'homosexualité est constructive. L'important c'est que le cœur soit ouvert. Si un homme est séduit par un homme qui le jette après, ce sera dramatique. Si ce n'est pas le cas, cela lui permettra au contraire de savoir s'y prendre ensuite avec des femmes.

Les hommes qui viennent vous voir vous disent-ils ne plus rien comprendre aux femmes ?

— Ah oui ! De plus en plus. Elles les épuisent. Et ils ont besoin de prendre de l'énergie chez moi car ils les aiment et ils les veulent. Schématiquement si un homme a eu une mère frigide, à l'âge adulte il n'aura de cesse de trouver une femme frigide et de la faire jouir. C'est le poids de la mère. Mais pour qu'il puisse tout simplement bander, il faut qu'il ait pu construire une image d'homme, et il ne peut construire une image d'homme qu'à travers un autre homme dans une homosexualité platonique, celle de l'enfant pour son père. Il a besoin de cette homosexualité-là. S'il ne l'a pas eue, les femmes lui feront peur.

De quelle manière ?

— L'angoisse sexuelle d'un homme provient souvent de la peur des femmes, c'est-à-dire de la peur du pouvoir de sa mère. Christiane Olivier, qui a traité comme moi du masculin, a écrit qu'un homme élevé dans une famille monoparentale, dans 30 % des cas ne supportera pas dans le monde du travail d'être sous la gouverne d'une femme. Ces petits garçons n'ont pas pu constituer une image de leur sexe à travers un homme adulte avec lequel ils ont pu établir une relation affective d'idéalisation de leur sexe. Dès qu'ils sont avec une femme, ils se jugent donc consciemment ou inconsciemment comme des niais.

On pourrait penser qu'au contraire les hommes qui ont été élevés par une femme vont mieux comprendre et accepter le monde féminin...

— Un enfant, s'il ne peut voir sa mère comme une femme à travers les yeux d'un autre homme, a seulement une maman.

Et quand il rencontrera d'autres femmes, il verra en elles la mère et non la femme ?

— Oui, et il va inconsciemment choisir des femmes qui vont ressembler à sa mère. Il va reproduire plusieurs fois le scénario avant de s'apercevoir qu'il le provoque.

Ce qui fait peur à l'homme, c'est le féminin, mais le féminin en lui. Pas le féminin chez la femme. Cela, c'est une projection. S'il n'a pas traversé et dépassé ses propres identifications à sa mère, il a une peur bleue des femmes. Donc il ne peut s'en défendre que par un seul fantasme : « Je les possède avec mon gros zob. » Un homme ne s'en sort pas s'il n'a pas assumé le féminin qui est en lui.

Quels sont les autres écueils rencontrés par les hommes aujourd'hui ?

— Leur paternité.

En quoi leur paternité est-elle pour eux un problème ?

— Depuis trente ans, les hommes se sont retrouvés dépossédés de leurs enfants à l'aide d'idéologies décrétant que les enfants n'ont besoin que de mamans. Personne ne dit qu'un enfant a besoin de deux référents. Même la loi n'en est pas capable. Il y a toujours sur la question de la paternité confusion entre l'identité biologique, où l'on nous traite comme si on était un simple mammifère, et un père dans son identité symbolique. Les scientifiques ont appliqué ce qu'ils ont découvert avec les vaches aux femelles humaines.

Vous pensez qu'aujourd'hui les hommes sont souvent exclus de leur paternité ?

— La naissance de la femme, le féminisme, a été boostée par la pilule. Chez les hommes, c'est pareil. La masculinité est « boostée » par un certain nombre d'inventions modernes. En premier lieu les papas sont présents dès la naissance de leur enfant. Cela n'a jamais existé dans aucune civilisation. Auparavant, les hommes étaient à la guerre et à l'économie et les femmes, au mariage et à la reproduction de la vie. Introduire un père à la naissance, permettre aux parents que cet acte leur appartienne à eux deux et pas seulement au monde des femmes est une révolution.

Quelles conséquences sur les hommes ?

— Ils deviennent pères dès la naissance de leurs enfants. C'est excellent. Avec Lacan, les hommes deviennent pères lorsque leur enfant a dix-huit mois. C'est le stade du miroir, le moment où l'enfant va parler, appeler son père papa. Avant, l'enfant était relégué du côté de la mère. Aujourd'hui, les pères accouchent leurs enfants, il y a l'échographie. Vous voyez un fœtus à trois mois, vous êtes père. L'haptonomie permet aux pères d'entrer en relation avec le fœtus, et le fœtus répond.

Quelles sont les principales questions que les pères vous posent ?

— Une question toute simple : comment garder ses enfants ? Avant, un père était automatiquement père puisqu'une femme ne pouvait pas vivre sans un père pour son enfant. Il était le propriétaire de la femme et de l'enfant. Du jour au lendemain, tout est modifié : les femmes demandent le divorce. Comment arriver à vivre avec mes enfants ? C'est le problème d'une majorité d'hommes. Un divorce signifie qu'ils ne peuvent plus voir leurs enfants qu'un week-end sur deux.

C'est une souffrance ?

— Oui, bien sûr, ils se réunissent en associations, hurlent, souffrent comme des damnés. On a tendance à croire que le désir d'enfant de l'homme est moins fort que le désir d'enfant de la femme. C'est faux. Ils ont le même désir.

Quels reproches ces hommes font-ils aux femmes ?

— Ils ne font plus l'amour avec leur femme et supportent tout d'elle. Ils les trouvent tyranniques. La plupart des femmes traitent leur compagnon comme le ferait une mère nourricière. Il devrait leur obéir au doigt et à l'œil. Résultat, elles n'arrivent plus à baiser avec lui parce que l'on ne baise pas avec sa maman. Elles le trouvent insatisfaisant. Lui se comporte comme un petit chien, il accepte tout parce qu'il veut vivre avec ses enfants. Souvent il prend une maîtresse pour s'en sortir. La loi ne peut pas les aider. Il faut donc les aider à résoudre eux-mêmes ces problèmes par la parole.

Beaucoup d'hommes aujourd'hui demandent le divorce. Est-ce nouveau ?

— Je constate qu'énormément d'hommes demandent aux femmes d'être des femmes, et ça, c'est nouveau. Ils revendiquent une sexualité. C'est la raison pour laquelle ils viennent me voir, et ils découvrent avec moi que l'amour, c'est du travail. Et beaucoup de travail. Les hommes sont poussés à avancer. Mais ce n'est pas la seule raison. L'autre est leur différence sexuelle. Un homme fait l'amour à l'extérieur de son corps, une femme fait l'amour à l'intérieur de son corps. Elle est donc davantage portée à l'introspection. Dans toutes les pratiques psychologiques, toutes les thérapies modernes, voire la psychanalyse, il y avait jusqu'à présent trois quarts de femmes, un quart d'hommes. Il est vrai que les hommes ont été à la traîne. Ils ont été surpris parce que leur est tombée dessus une agressivité qu'ils ne comprenaient pas. Les femmes s'en sont prises à eux au lieu de s'en prendre à leur père. Les hommes en ont été abasourdis. Maintenant, la situation s'est inversée. Lorsqu'une jeune fille, une adolescente ne veut pas coucher avec un garçon, il ne l'attend plus. C'est un phénomène nouveau.

Vous dites que l'amour est un travail. En quoi consiste-t-il ?

— Les représentations de l'amour dans notre culture

sont une catastrophe. En gros, elles se limitent à Roméo et Juliette et à l'amour du Père, c'est-à-dire à l'Eglise. Rien d'autre. Comment construit-on ces modèles de l'amour ? Par exemple en amenant des roses blanches à maman à la fête des Mères. Ces modèles aujourd'hui sont inappropriés. L'homme et la femme ne fonctionnent pas de la même façon et on ne leur a même pas donné les outils pour se comprendre. Au lit, la femme occidentale attend que l'homme fasse tout. Or, l'amour se construit, et il se construit à deux. Ceux qui s'aiment s'engouffrent trop souvent dans des phénomènes de passion ou se branchent par l'ombilic, et ils se créent un enfer. Dans l'ancien temps, on se parlait avant de se toucher. Il me semble que ce n'était pas si mal. Plusieurs clientes m'ont remercié de leur avoir dit ces choses simples. La loi entre deux personnes, c'est la parole.

L'amour se travaille donc par la parole. Et de quelle autre manière ?

— L'amour est une énergie collective dont nous sommes chacun porteurs d'une étincelle. Ce n'est pas du tout une énergie individuelle comme la volonté. On trouve cette donnée dans toutes les théories anciennes. L'amour entre en action à travers la sexualité, mais pas seulement. Elle fait de nous les membres d'une même communauté. Dans la construction d'un être humain, l'amour commence avec l'amour des parents. Au cours d'une vie, nous pouvons avoir plusieurs histoires d'amour, mais nous ne les comptons en général que sur les doigts d'une main. Nous pouvons avoir eu des rapports sexuels avec trois cents soldats, comme la femme de l'empereur Claude, mais cela ne s'appelle pas de l'amour. Il est inévitable que l'on retrouve dans ses relations d'amour tous les nœuds qui se sont faits avec ses propres parents. C'est la raison pour laquelle le monde occidental a inventé la psychanalyse. Cela permet de retrouver son conjoint comme un être humain à part entière et non plus encombré de tous les fantômes de son papa ou de sa maman.

Etes-vous optimiste sur l'évolution des hommes d'aujourd'hui ?

— Si j'en juge par les hommes qui travaillent avec moi, oui. Ils forment une microsociété. Ce que nous faisons est encore très nouveau. Par exemple les groupes de parole sur la sexualité. La nouvelle génération a été élevée par la télévision et la pornographie. Le résultat, entre autres, ce sont les tournantes. Et c'est la raison pour laquelle il y a tant de suicides d'adolescents. On ne se rend pas compte de l'angoisse, à l'adolescence, que représentent le fait de ne pas pouvoir parler de sexualité avec ses parents et d'avoir le film pornographique comme seule et unique source d'information. Que l'on soit garçon ou fille, c'est terrible. Nous vivons dans un monde sexuel sans parole. Cette découverte m'a bouleversé.

Moins de paroles encore qu'auparavant ?

— Non, mais il n'y en a pas plus. Le décalage entre le vu et le penser s'accélère. Ces jeunes garçons qui organisent ces viols collectifs que sont les tournantes risquent vingt ans de prison. Ils n'ont été élevés que par la pornographie et ils ne comprennent pas pourquoi on les juge. Eux, ils voient la sexualité ainsi. Ils disent au juge : « Qu'est-ce que vous me dites ? Si j'y vais tout seul, elle va me prendre pour un con. On fait ça cinq par cinq. » C'est ce qu'il a vu faire dans les cassettes de pornographie. C'est un phénomène généralisé, donc grave. D'autre part, l'homme a été élevé comme si, au lit, c'était lui qui faisait tout. Il ne pense pas qu'il peut demander, ne sait pas que son désir est légitime. Je me rappelle un jeune homme qui voulait à tout prix savoir ce que cela faisait quand une femme vous suce. Il est normal d'avoir ce désir, ce n'est pas illégitime. Mais cela, dans notre monde peut se voir à la télé, dans un film porno, mais ne peut pas se dire. Les pères ne savent pas en parler à leur fils. Les hommes ne savent pas demander ce qu'ils veulent en matière de sexualité. Tout simplement parce qu'ils n'ont pas de vocabulaire.

Qu'est-ce que selon vous une sexualité libre aujourd'hui ?

— Une sexualité libre, c'est une sexualité que l'on peut penser. Il y a autant de sexualités qu'il y a d'individus, de visages ou de cerveaux. Il faut aider les gens à trouver leur sexualité. Et les aider à savoir en parler à leurs enfants. Comprendre sa sexualité, c'est savoir que toute sexualité est différente et que chaque sexualité est une création. Et une création différente avec chaque être.

ÉRIC

« Je ne sais plus ce que veut dire l'amour. »

Avant l'entretien, il se demandait s'il allait témoigner ou non à visage découvert. Après, je n'ai pas insisté. Il m'en avait beaucoup dit, se déclarait soulagé d'avoir pu ainsi se confier, mais certaines de ses paroles pouvaient faire du mal à son entourage. Il valait donc mieux pour lui qu'il reste dans l'ombre. Appelons-le Eric. Cet homme discret, qui préférait que nous nous rencontrions chez moi plutôt que d'aller chez lui, est consultant chez IBM. Il est 18 h 30 lorsqu'il sonne à ma porte. Cravate bordeaux, chemise rayée, pantalon beige, il revient du travail. Il a quelques cheveux gris, le teint mat. Il est souriant. Il a quarante-neuf ans. Père de deux filles de dix-huit et vingt et un ans, il est en instance de divorce. Pour faute. Son regard est fiévreux, comme incendié. Il parle d'un ton légèrement compassé, presque snob, rythmant ses phrases par le mot « évidemment ». Son témoignage montre à quel point le chambardement des valeurs de notre société, en particulier des valeurs masculines comme l'autorité, le pouvoir, la hiérarchie, le prestige institutionnel, provoque le désarroi et la confusion chez les hommes. Portrait d'un célibataire endurci qui ne s'est jamais totalement remis d'une rupture.

Vous vous posez beaucoup de questions concernant votre vie personnelle, intime, et vos relations avec les femmes en particulier ?

— C'est évident que je me pose des questions. Je m'en suis d'autant plus posé que j'ai vécu des moments difficiles. Il y eut une période où tout allait bien. Donc pas beaucoup de questions. Une bonne et longue relation avec une femme qui est devenue mon épouse. Je l'ai rencontrée lorsque j'avais vingt ans. Nous nous sommes mariés à l'époque où elle était enceinte de ma première fille. Un climat plutôt confortable et dénué de toute interrogation.

Quelles sont les questions aujourd'hui que vous vous posez ?

— Que se passe-t-il après la mort ? Comment vivre ? Et aussi : jusqu'à quel point suis-je un salaud ?

Pourquoi cette question ?

— J'ai commencé à me poser cette question avec intensité au moment où mon épouse a fait une dépression nerveuse. Je me demande quelle est ma part de responsabilité. Elle avait quitté le domicile conjugal, était partie à l'étranger pour son métier. Je me suis retrouvé au centre de la vie familiale avec mes deux filles assez jeunes, moins de dix ans pour l'aînée. C'était dur. Je n'étais pas vraiment divorcé, je ne pouvais pas, vis-à-vis de mes enfants, et de tout un tas d'autres facteurs, démarrer une nouvelle vie. Ma priorité, c'était de faire en sorte que cette cellule familiale bien compliquée puisse continuer à fonctionner.

Pour l'instant, rien à voir avec un salaud !

— La question s'est posée de manière extrêmement violente le jour où je me suis retrouvé seul dans un appartement vide. Un jour, plus personne. J'attends mes filles, elles ne reviennent pas. Mon épouse était dans une maison de repos. Je fais la tournée des commissariats. Et là, on m'apprend qu'elles ont été placées en famille d'accueil pour être protégées des agissements de leur père. Que j'étais en fait responsable de tout un tas de malheurs à la fois pour mon épouse et mes enfants. Dans ces moments-là, la question de savoir si vous êtes un salaud se pose avec beaucoup d'acuité.

Y avez-vous répondu ?

— La réponse est oui.

Oui vous y avez répondu ou oui vous êtes un salaud ?

— J'ai construit un système de valeurs qui me permet de penser aujourd'hui que je n'en suis pas un. C'est désormais ce système de valeurs qui gouverne tous mes comportements et tous mes choix.

Pouvez-vous en parler davantage ?

— Aujourd'hui, j'ai deux amies, l'ancienne et la nouvelle. Je me demande très souvent si je me comporte bien avec ces deux personnes et comment je dois me comporter. C'est une vraie question que je me pose. Par ailleurs, j'ai aussi d'autres relations. J'ai une vie assez agitée. Tout cela est-il blâmable, moral, est-ce dans l'ordre des choses ? Je suis amené plusieurs fois par jour à me poser la question « Suis-je un salaud ? ». C'est très clair.

Comment gérez-vous tout cela ?

— La rencontre avec la première femme remonte à plus de cinq ans. C'est une personne qui m'a beaucoup apporté. Elle m'a aidé à retrouver l'estime de soi, un nouveau regard sur la vie. Et j'ai pour elle infiniment de gratitude.

Mais... ?

— Elle est très particulière, pas normale au sens statistique du terme.

C'est-à-dire ?

— Elle est thérapeute. Elle n'a pas du tout le même regard sur la vie que le commun des mortels.

Vous pouvez donner un exemple ?

— Vous ne pouvez pas lui présenter un couteau dont la pointe serait tournée vers elle. Elle va le ressentir comme une agression.

Vous étiez amoureux d'elle ?

— Je ne sais pas, pour être franc. Mais en tout cas nous avons eu une relation très forte. J'ai rencontré la seconde femme plus récemment, il y a à peu près huit mois. Elle est plus commune, moins excentrique. C'est une femme qui a des responsabilités dans une entreprise, très courtisée et courtisable. De surcroît, les relations sexuelles que j'ai avec elle ne sont pas de même nature. Je suis en train de vivre quelque chose de très fort avec cette deuxième personne. Ce serait me fermer des portes que de ne pas aller jusqu'au bout.

Qu'est-ce que c'est « aller jusqu'au bout » ?

— Au bout, c'est la mort. Faire l'amour, c'est comme voyager. Vous pouvez voyager en descendant la coulée verte ou aller en Amazonie. Avec la deuxième, j'ai la chance d'avoir une relation brûlante et je n'ai pas envie de m'arrêter. Suis-je pour autant un salaud d'ignorer la gratitude que je dois à la première, l'affection qu'elle me témoigne, les services qu'elle me rend, le dévouement extrême dont elle fait preuve au quotidien ?

Est-elle au courant de cette autre relation ?

— Je lui en parle. Je lui dis : « Va avec quelqu'un d'autre. » Elle ne veut pas.

Et la seconde est-elle au courant de l'existence de la première ?

— Probablement. Il faut que je vous dise que la première est divorcée. Et la seconde est mariée. Cela restreint la fréquence de nos rencontres. Elle sait que j'ai des relations ailleurs. Je ne l'ai jamais caché. Je pense que c'est clair. Les deux savent, sans connaître la nature réelle de la relation.

Vous le leur avez dit ?

— Oui, oui, parfaitement. J'ai été extrêmement clair avec la première. Et à la seconde, j'ai souvent annoncé que je retournais avec la première.

Vous êtes amoureux de la seconde ?

— Je ne sais plus ce que veut dire l'amour. C'est ce que je lui disais encore hier au téléphone.

Que voulez-vous dire ?

— Si être amoureux, c'est être attaché, je peux être amoureux de la bougie que j'ai chez moi. Je ne sais plus. Je surnage, je ne suis plus angoissé. Je suis plutôt aux commandes de ma vie, je suis plutôt bien mais néanmoins je ne sais pas ce qu'est l'amour. Je sais ce qu'est la gratitude. Je sais ce qu'est donner sans compter. Mais est-ce que l'amour est éternel ? Je n'en sais rien. Vis-à-vis de la seconde, se pose la question de savoir si elle divorce ou pas. Est-ce que je vais refaire ma vie, tout le tremblement ? Je ne suis pas clair. Par ailleurs, je continue à avoir d'autres relations, dont certaines avec des femmes de passage plus ou moins professionnelles.

Pour quelle raison ?

— C'est une recherche. Et je suis toujours à la recherche de quelque chose. J'ai des défauts. Je suis très attiré par les relations « SM ». Sadomasochistes. J'en ai une longue expérience, variée. A tel point que j'envisageais d'écrire un petit guide sur les dominatrices à Paris. Comme le Michelin, avec un, deux ou trois petits martinets. Bref, je suis agité. J'essaye d'aller un peu plus à la rencontre de mes fantasmes, de mes pulsions. J'aime rencontrer de nouvelles personnes, avoir de nouvelles aventures, de nouvelles expériences, cela me hante. Je ne peux pas m'arrêter. Ma toute dernière perversion est plus anodine : je me suis ouvert un compte chez Net Club pour faire des rencontres sur internet.

Que cherchez-vous ?

— Je cherche à comprendre l'humanité. Et plus précisément les femmes.

Votre dernière relation sexuelle, que vous a-t-elle fait comprendre sur le genre humain ?

— C'était avec la première femme. Il y a trois jours. Une partenaire ne jouit pas toujours de la même manière. Il y a énormément de choses qui s'expriment. Et je trouve cela toujours merveilleux. Je fais l'amour comme d'autres vont au musée.

Vous êtes un collectionneur ?

— Oui et non. C'est la variété du spectre qui m'intéresse, même avec une même femme. C'est cette richesse de situations, de comportements, de sensations, de ressentis. Dans les relations SM qui se sont développées avec cette seconde relation, je découvre des pulsions extrêmement fortes. Il est vrai qu'à un moment donné on est complètement consumé, et se pose la question de l'amour. Reste-t-il encore quelque chose de la relation ?

Je ne sais pas si le sexe est en corrélation avec l'amour. Que se passe-t-il une fois que l'on sait à peu près tout de l'autre ? Est-ce que l'on s'aime encore ?

Vous avez l'impression de faire souffrir ces deux femmes ?

— La première, oui.

Pourquoi ne l'avez-vous pas quittée ?

— Parce que j'ai cédé à son chantage affectif.

La seconde vous demande-t-elle de quitter la première ?

— Non.

Est-ce que vous êtes à la recherche de l'amour ?

— Je ne sais pas. Peut-on être heureux en étant seul et en entretenant avec les autres des relations de comptabilité, d'intérêt ou de plaisir ? Pas seulement en matière sexuelle, mais aussi de représentation, d'affirmation de soi, par exemple lorsque l'on se promène au bras d'une belle femme ou d'une femme riche.

Avec les femmes, n'auriez-vous pas l'esprit comptable ?

— Je préfère être un comptable lucide. Je me repose la question en permanence : suis-je un salaud ? Je ne crois pas l'être. La grande plaisanterie aujourd'hui avec ma deuxième amie c'est de se dire « je t'aime », de laisser passer un quart de seconde, et d'ajouter « beaucoup ». Ce qui dévalorise la phrase aussitôt.

Vous ne lui avez jamais dit « je t'aime » tout court ?

— Si.

Vous le pensiez ?

— Oui, bien sûr. Mais la grande question, c'est la stabilité de l'amour. Et la question de la fidélité. J'opterais pour la fidélité.

Vous plaisantez ?

— Si j'essaye d'être un tant soit peu lucide, je ne peux pas ignorer ma volonté de m'immuniser contre la solitude. Je me dis qu'avec deux femmes, j'ai moins de chance de me retrouver seul qu'avec une. Et si j'en ai une troisième... Il m'est arrivé d'en avoir quatre.

Quatre relations sérieuses ?

— Oui, et simultanées. Comme, par ailleurs, il m'arrive de travailler, cela faisait beaucoup. C'est la peur d'être seul.

N'y en a-t-il pas une avec laquelle vous avez envie de construire un foyer ?

— Oui et non. La fidélité est une très belle idée. En pratique, cela signifie être capable de faire un certain nombre de renoncements. C'est une forme d'amour que d'accepter de renoncer à certaines femmes pour pouvoir en donner plus à d'autres.

Aucune des femmes que vous avez rencontrée ne vous a donné suffisamment envie de la suivre ?

— La réponse est non. Peut-être ai-je été brûlé lors de mon mariage. J'ai été très fidèle. J'aimais beaucoup mon épouse, et mon épouse m'aimait beaucoup. Nous avons eu un amour presque parfait pendant quelques années. Un amour fusionnel pendant trois ans.

Que s'est-il passé ?

— Au bout de trois ans, nous sommes sortis de la fusion, et quand on sort de cette période de charme, très sexuelle, affective et émotionnelle, il y a cette phase de différenciation ou d'opposition où l'un n'a pas envie d'être dans l'ombre de l'autre, donc s'affirme. Si cela n'a pas marché avec elle, alors que nous avions beaucoup de raisons d'être ensemble et que nous vivions un très bel amour, je ne vois pas pourquoi aujourd'hui cela marcherait avec une autre.

Donc vous n'avez pas réussi à passer le cap de la différenciation ?

— Cette histoire a duré plus de vingt-cinq ans. Après les trois ans de fusion, pendant quatre ans, nous nous sommes engueulés un peu. Ma première fille est née. Nous étions contents. Puis la seconde fille est née. C'était bien. Nous formions un beau couple. Après, nous avons commencé à nous affirmer, à nous opposer. J'ai toujours aimé les femmes fortes. Mon épouse était sur ce modèle-là. Aujourd'hui, il faut que j'attende la fin de la période de garantie pour savoir si un amour est solide. Trois ans, c'est la fin de la période de fusion et de forte sexualité. Or, au fond, on aime souvent l'autre personne seulement pour le plaisir qu'elle vous donne. En tout cas, c'est ma vérité.

D'autres affirment que la sexualité est un partage.

— Je ne suis pas d'accord. Mais je n'entrerai pas dans ce débat. Si la prestation sexuelle – permettez-moi d'être provocateur – est satisfaisante, tout va bien, sinon tout va mal.

Est-ce que cela vous préoccupe de savoir si vous faites ou non souffrir les femmes ?

— Bien sûr. Même si j'ai beaucoup de mal à plaindre les femmes. Vraiment beaucoup. Je parle des femmes séduisantes. Elles parviennent à vivre le type de vie auquel elles aspirent. Plus qu'un homme. C'est ma conviction très profonde. Les femmes ne sont pas à plaindre de mon point de vue. Les hommes le sont. Parce que les hommes jouissent moins longtemps que les femmes. Point final.

Vous êtes jaloux des femmes ?

— Ah non, pas du tout !

(Silence.)

— Oui, oui, d'accord, c'est vrai. Mais quels sont les hommes qui ne le sont pas ? Tous les hommes un tant soit peu clairvoyants devraient l'être. Il faut vraiment être un peu limité pour ne pas se rendre compte de la supériorité de la femme.

Beaucoup d'hommes disent au contraire qu'ils tirent leur jouissance du spectacle de la jouissance de la femme.

— L'angoisse existentielle de l'homme, c'est de ne pas pouvoir faire jouir la femme. Je crois que cela dicte énormément de comportements. Lorsque mon épouse est partie, ma seule manière de rattraper la situation, c'était de faire jouir les femmes. Pour que la relation soit équilibrée.

« Pour que la relation soit équilibrée » ! Qu'entendez-vous par là ?

— Je reste vigilant quant aux rapports de force. Je ne peux pas me mettre dans la situation où une personne me dicte ma conduite dans la vie. La première chose à craindre, c'est qu'une femme dont vous seriez amoureux vous mène là où elle veut.

C'est une crainte profonde ?

— Oui, et légitime. Je pense malheureusement, ou heureusement, qu'une bonne manière d'arriver à établir une relation saine et stable, c'est d'avoir des relations sexuelles satisfaisantes. C'est la seule manière selon moi de garder le contrôle. Et je suis le premier, à la limite, à le regretter.

Pourquoi le regretter ?
— Parce que ma motivation est la peur. En général, avec moi au lit, cela se passe assez bien. C'est la raison pour laquelle les femmes restent. Et que je peux me permettre d'en avoir plusieurs. Elles me restent attachées. Malheureusement elles sont en partie attachées pour cela.

Qu'est-ce qui vous fait dire cela ?
— La première femme, je lui ai proposé de rester ami avec elle. Elle m'a dit non. Or, la seule différence serait la relation sexuelle. Je ne veux plus avoir de relations sexuelles avec cette personne. Parce que ça me fatigue, au sens émotionnel du terme. Et régulièrement, je cède.

Si cela vous fatigue, comment se fait-il que non seulement vous ayez deux femmes dans votre vie mais qu'en plus vous alliez encore en chercher d'autres ?
— Rencontrer quelqu'un de neuf, c'est toujours intéressant. Peut-être parce que j'ai l'angoisse du temps qui passe, peut-être parce que je fuis une souffrance intérieure. J'en suis même à fréquenter des « backrooms » gay. J'en ai besoin.

Qu'est-ce qu'un « backroom » ? Un bar gay ?
— Non, non. Les « backrooms » sont de véritables bordels pour gays. On est là incognito. Une personne peut avoir cinquante rapports sexuels différents dans une seule soirée. C'est l'enfer tel qu'il existe dans certains tableaux. C'est « hardissime ». On va là pour se faire sodomiser par vingt-cinq personnes avant de sortir.

Qu'est-ce que vous y cherchez ?

— J'aime cet univers de pulsions. L'idée, c'est de connaître d'autres choses. Dans un cadre imprévu.

Pourquoi aller voir les hommes ? Les femmes ne vous satisfont plus ?

— Parce que certains hommes vont très très loin en matière de pulsions de mort.

De mort !

— Cette idée d'aller très très loin très très haut, pratiquement au bord de la mort, nourrit mon excitation. C'est fascinant d'être dans une situation où le temps n'existe plus, les barrières du surmoi n'existent plus. Ce qui me tente c'est de voir à quel point certains individus sortent du cadre standard des relations normalisées. L'apocalypse, je trouve cela chouette. Vous êtes dans un état proche de la régression infantile. Les pulsions de mort sont très proches de l'amour. J'aime les endroits où les gays dansent entre eux. Ils ont une vitalité que l'on pourrait qualifier d'énergie du désespoir qui m'émeut.

Une femme vous excite moins qu'un homme ?

— Je n'aime pas les hommes.

Entretenez-vous des rapports de force avec les femmes ?

— Oui. Avec la seconde, le rapport de force est toujours présent. Par exemple, elle est en vacances ces jours-ci avec sa fille. Elle m'appelle tous les matins, et tous les matins, je lui dis : « Ne te sens pas obligée de m'appeler. » Hier, je le lui ai dit de manière un peu plus directe.

Oui ou non aimeriez-vous refaire votre vie ?

— Oui, mais je n'y crois plus.

WILLY PASINI

« Les hommes n'ont plus le monopole du désir. »

Il partage son temps entre la Suisse et l'Italie. Le psychanalyste Willy Pasini a été l'un des premiers à faire « L'Eloge de l'intimité[1] » *– c'est le titre de l'un de ses ouvrages – et à parler de « qualité des sentiments ». « Ceux-ci font souvent plus peur aux hommes, dit-il, que la sexualité. » Professeur de psychiatrie à l'université, il a également fondé la Fédération européenne de sexologie. Son combat ? Faire partager au grand public un savoir psychologique réservé aux spécialistes. Résultat : plus d'un million d'ouvrages vendus dans le monde. Marié depuis trente-cinq ans à une psychanalyste spécialisée dans le couple, il est père de deux enfants. Je l'avais interviewé pour* ELLE[2] *lors de la parution de l'un de ses livres intitulé* La Force du désir[3]. *Il y lançait un cri d'alarme : le désir des hommes serait en voie de disparition. Je n'avais malheureusement pas pu, faute de place, publier la totalité de cet entretien. Le voici aujourd'hui pour la première fois dans son intégralité.*

---

1. Petite Bibliothèque Payot, 2002.
2. *ELLE*, n° 2774.
3. Odile Jacob, 1999.

Qu'est-ce qui vous fait dire que le désir des hommes est en berne ?

— De plus en plus d'hommes viennent me consulter parce qu'ils n'ont plus de désir. Et ce n'est plus comme auparavant un problème de fonction. Avant, ils me demandaient souvent d'être un mécanicien du sexe, un garagiste, de réparer un peu par-ci par-là. Leur plainte s'est déplacée. Ceux qui me disaient : « Je voudrais mais je ne peux pas » me disent aujourd'hui : « Je pourrais mais je ne veux pas. » Les psychanalystes assistent à l'explosion d'une pathologie du désir, de la vie sexuelle chez l'homme plus que chez la femme. C'est une sorte de nouveauté clinique. Les troubles du désir ont changé de camp. Ils sont devenus un phénomène masculin.

Vous parlez même de « libidogramme plat » !

— Oui, le désir masculin est un grand malade. Cela va même parfois jusqu'à l'anorexie sexuelle.

Pourquoi cette baisse de désir chez les hommes ?

— Les hommes pendant des siècles ont eu le monopole du désir. Aujourd'hui, ils ne l'ont plus et ils réagissent plutôt mal.

Le désir des femmes se réveille. Comment se fait-il que cela ne plaise pas aux hommes ?

— Les hommes se trouvent aujourd'hui devant une obligation de performance à laquelle ils n'étaient pas habitués. Ils avaient auparavant tous les droits. Le devoir conjugal concerne maintenant les hommes plus que les femmes. Ils se disent : « Si elle a envie avant que je ne commence, je ne peux plus rien faire. » Le désir d'une femme, s'il est trop explicite, peut couper l'herbe sous le pied de son désir à lui.

Mais pourquoi donc ?

— Un homme ne peut pas désirer sur commande et il a donc peur, si la femme prend l'initiative, de ne pas être à la hauteur. Je vous donne un exemple. Je travaille en ce moment avec un homme très timide. Je lui ai appris à parler aux femmes. Il y a peu, il est arrivé chez moi catastrophé. Il était sorti avec une femme, il lui avait fait un discours et elle l'avait interrompu en disant : « Tais-toi et baise ! » Il est reparti pour une année de psychothérapie. Par ailleurs, les femmes font aujourd'hui des comparaisons. Elles commencent à parler entre elles. Avant, monsieur « éjaculateur rapide » vendait la marchandise à sa femme en disant : « Tu sais chérie, je t'aime tellement que je ne peux pas me retenir. » Aujourd'hui, elle lui répond : « Tu sais chéri, notre voisin de palier, lui, il se retient très bien ! » On commence à voir des pannes par comparaison.

Par peur de la comparaison ?

— Oui, je peux aussi vous raconter ce qui est arrivé pendant les vacances à un de mes patients un peu playboy qui est sorti cet été avec une femme de vingt ou trente ans de moins que lui. Il en est revenu chancelant. « On a dansé, dîné et on a fait l'amour, m'a-t-il raconté. Je croyais qu'elle était contente, mais à la fin, elle m'a dit : "Mon cher, tu termines là où mon fiancé commence. Au revoir !" » Il a mis une semaine à s'en remettre. Il avait été au fond castré par cette expérience.

Est-ce un phénomène vraiment nouveau ?

— Oui, souvent il suffisait aux pères de ces hommes de dire à leur mère : « Eh, viens par là ! », et elles obtempéraient. Maintenant, pendant que lui fait la sieste, c'est elle qui prend l'initiative de la relation sexuelle. Lui, il préférerait dormir. L'homme n'a pas du tout appris à gérer le désir de l'autre. Depuis que la femme a commencé à désirer à un moment différent de lui, la grande tribu des « machos » se sent désarmée.

Comment réagissent-ils ?

— Plutôt mal. Vous seriez impressionnée par le nombre d'hommes qui vont vers une homosexualité qui n'est pas un choix sexuel, vécu comme une attirance érotique, mais comme la recherche d'une nouvelle forme d'intimité. Les hommes trouvent entre eux une tendresse que les femmes, souvent décrites par eux comme implacables, ne leur donnent plus.

Heureusement, tous les hommes ne deviennent pas homosexuels. Comment font les autres ?

— Pour utiliser une métaphore cynophile, ils jouent soit au doberman, soit au cocker. Le discours du doberman est : « On va lui montrer à cette femme qui commande », et cela peut aller jusqu'au viol de groupe, par peur d'affronter seul la femme. Le cocker, lui, adopte une position de repli, de retrait, et préfère aller jouer au tennis avec les copains puisque « c'est si compliqué avec les femmes ». Leur priorité est « les copains d'abord », comme le chantait Georges Brassens. C'est le cas même en Martinique et en Guadeloupe d'où je reviens, îles connues pour être le royaume des « machos ». Là-bas, un homme m'a dit : « Ma passion, c'est mon voilier. Si je rencontre une femme qui me suit, tant mieux, sinon, qu'elle s'en aille. » Il y a beaucoup plus d'hommes dans ce cas qu'on pourrait l'imaginer.

Qu'en pensez-vous ?

— C'est un peu triste. L'homme qui agit ainsi s'en sort mais reste un éternel adolescent. Un « Peter Pan » attardé.

Le désir sexuel chez les hommes, dites-vous, est comme assourdi par d'autres désirs concurrents : l'envie de faire carrière, de s'acheter une nouvelle voiture ou d'avoir un enfant. En quoi ces désirs sont-ils incompatibles ?

— Même s'il y a des hommes passionnels et d'autres, avares affectifs, nous avons tous un quota limité de désir et de passion. Beaucoup d'hommes aujourd'hui préfèrent s'investir dans leur travail plutôt qu'avec une femme. « Si je mets ma passion dans le travail, se disent-ils, cela a plus de chance de durer qu'avec une femme. » A leurs yeux, c'est une valeur plus sûre. Même les enfants sont choisis comme des valeurs sûres par rapport à la femme. Cela montre bien cette inquiétude que la femme suscite chez certains hommes peu sûrs d'eux-mêmes ou habitués à un certain contrôle.

De plus en plus d'hommes pourtant aiment les femmes indépendantes et qui ont du succès...

— Oui, à l'inverse, on voit apparaître une nouvelle typologie d'hommes que l'on appelle en Italie les *cenerentoli*, autrement dit les « cendrillons au masculin ». Ce sont les hommes qui épousent une banque. Son succès à elle redevient pour eux aphrodisiaque. Il est attiré par son argent et son statut social. Je le dis de manière un peu provocante pour faire passer le message. En réalité, le désir est une plante fragile, plus que la fonction. Il est très délicat. Il concerne toute la personne. Il faut le soigner. Pourquoi pensez-vous qu'encore aujourd'hui tant d'hommes vont chez les prostituées ?

Je vous pose la question.

— Parce qu'à travers l'argent ils y retrouvent le rapport de supériorité d'antan. En payant, ils retrouvent leur statut de « machos ». Et deuxièmement, la prostitution réduit les risques de l'intimité.

En quoi l'intimité est-elle un risque pour l'homme ?

— Pour comprendre, il faut se référer à l'anatomie. Ce qui est à l'intérieur lui est assez étranger.

Vous voulez dire que la vie intérieure lui serait étrangère ?

— L'homme est naturellement tourné vers l'extérieur, comme l'est son sexe. Il est plutôt dirigé vers le faire, l'agir plutôt que vers le ressentir. L'intimité est un univers pour lui inconnu et auquel il s'ouvre difficilement. Beaucoup d'hommes à qui je demande ce qu'est pour eux l'intimité, répondent : « Parler avec une femme en attendant de baiser à nouveau. » Pour eux, l'intimité est le remplissage de la période réfractaire sexuelle.

Quelle relation y a-t-il entre intimité et sexualité ?

— Elle est importante car certains hommes ont une baisse de désir parce que la femme veut être trop proche, se colle à lui. Il se sent étouffé. C'est la rage qui à l'inverse bloque souvent le désir des femmes.

La rage contre les hommes ?

— Oui, il est nécessaire de distinguer le mécanisme érotique et le mécanisme agressif. On pense que les troubles du désir sont liés à l'érotisme. Ce n'est pas vrai. Dans le couple, le grand ennemi de l'érotisme n'est souvent pas un problème sexuel mais la rage. Les couples qui n'ont plus de désir sont parfois des couples qui ne savent pas se disputer. La rage due à un sentiment d'injustice par exemple est le tueur de désir numéro un. Avant d'entamer une thérapie de l'orgasme, je conseille aux couples de se disputer pour libérer la rage accumulée. Il faut commencer par la transformer en une bonne dispute napolitaine, ou marseillaise. Sinon cette retenue va bloquer tout le reste des pulsions. Le deuxième ennemi du désir est l'ennui. Beaucoup d'hommes ont fait un mariage de raison parce que c'était le bon moment pour eux mais après le mariage, il ne se passe plus rien.

Que faire dans ces cas-là ?

— Identifier si l'homme aime ou non la vie conjugale ou s'il n'aime plus sa femme. En général, l'homme traditionnel, une fois qu'il a épousé sa femme, l'a parquée. Il n'a plus besoin de la désirer. Elle devient un acquis. Elle doit remplir des fonctions.

Comme un meuble ?

— Oui, comme un meuble. C'est l'analphabétisme de certains hommes.

Vous, l'intimité ne vous fait pas peur puisque vous lui avez consacré vos recherches. Comment se fait-il que vous ayez échappé à la règle ?

— Demandez d'abord à ma femme si j'échappe à la règle ! J'ai vécu mon enfance dans un univers de femmes. J'ai été élevé par des gouvernantes car mon père était à la guerre. J'ai donc pu vivre mon versant féminin.

Un homme élevé par les femmes peut donner le résultat inverse...

— Oui, il peut devenir homosexuel. C'est une question de degré. L'intimité m'intéresse car j'ai toujours détesté le modèle « macho ». Il est vrai que j'ai eu un personnage masculin important dans ma vie : mon grand-père, qui était gynécologue. J'aurais pu devenir homosexuel, mais je suis un hétérosexuel convaincu. Je trouve les femmes plus intéressantes que les hommes dans leur complexité. Avec Romain Gary, que je connaissais bien – quand je venais à Paris, j'habitais chez lui –, nous partagions cette idée de la féminisation du monde. Et je pense que maintenant, ces troubles du désir traduisent le besoin de l'homme de récupérer certaines de ses caractéristiques féminines sans en avoir trop peur.

Les femmes d'aujourd'hui font-elles si peur aux hommes ?

— De nombreux hommes, au lieu de vivre l'émergence du désir féminin en se disant : « Chouette ! On va être deux partenaires », le vivent comme un danger. Ils ont peur que, derrière la fée, se cache la sorcière. Les psychanalystes aujourd'hui voient apparaître en consultation tous les stéréotypes de la sorcière : la femme araignée qui prend l'homme dans sa toile. « Elle va, pense-t-il, me vider de toutes mes énergies. » D'autres voient dans la femme une séductrice dangereuse comme les sirènes pour les marins d'Ulysse. Elle séduit non pas pour aimer mais pour faire mourir, et puis, troisième groupe, les hommes qui craignent l'amazone, la walkyrie, les femmes qui confondent le lit avec l'arène et l'homme avec un taureau que l'on pourrait mettre à mort.

C'est un tableau bien noir...

— Au positif, il y a l'homme du troisième type qui va probablement être le prototype du XXIe siècle. Il sera sorti du système totalitaire, qu'il soit masculin ou féminin, ira à la rencontre de deux désirs. Quand l'homme aura diminué son versant « macho » et que la femme aura déposé un peu les armes de l'amazone, la démocratie pourra s'instaurer dans le couple.

En quoi consiste exactement pour vous cette démocratie à deux ?

— C'est une nouvelle manière de vivre ensemble. Le mot-clé est synchronisation. Comment synchroniser les désirs et les besoins de l'un avec les désirs et les besoins de l'autre ? C'est ce que nous commençons à faire aujourd'hui dans les thérapies de couple. Nous cherchons la synchronisation de ces couples qui n'ont pas d'autres modèles de référence que leurs ancêtres.

Y a-t-il concrètement quelque chose que les femmes puissent faire pour ne pas faire peur aux hommes ?

— Oui (il hoche la tête de bas en haut avec énergie). Vous pouvez faire d'abord une chose que les courtisanes connaissent bien, c'est de rassurer avant de séduire. Les peurs des hommes et des femmes ne sont pas les mêmes. L'homme a toujours eu des doutes sur sa « lévitation », tandis que les femmes ont toujours eu des doutes sur leur existence même.

Vous voulez dire sur leur identité ?

— Oui, parce que les femmes, pendant des siècles, n'ont existé que par le désir de l'homme, donc elles avaient des doutes sur leur droit d'exister, tandis qu'elles n'avaient aucun doute sexuel puisque, d'une manière ou d'une autre, les rapports étaient possibles même si elles faisaient semblant. L'homme, lui, n'a jamais eu de doutes sur son existence, il se croyait le patron de l'Univers ! En revanche, il a toujours craint que son sexe ne se dresse pas au bon moment. C'est ce que la femme doit comprendre.

Comment faire pour rassurer un homme ?

— Un des grands principes de la séduction comme de la diplomatie, c'est d'être hétérocentré.

Ce qui veut dire ?

— Hétérocentré veut dire être centré sur le besoin de l'autre. La loi numéro un de la séduction, c'est de regarder ce que l'autre aime. Vous savez, au repas de séduction, les hommes pensent que nourriture et bon vin vont faire l'affaire. Ils se trompent lourdement puisque c'est sur leur conversation que 99 % des femmes vont prendre leur décision.

Quel serait l'équivalent pour la femme ?

— Il faut qu'elle comprenne que l'homme a besoin d'être rassuré. Si vous saviez comme certains chefs d'entreprise sont narcissiques ! Ils se comportent au restaurant et à la maison comme s'ils étaient au bureau. Lorsqu'une femme sait les écouter, ils se disent : « Cette femme est parfaite. »

Vous ne m'avez toujours pas dit quoi faire pour rassurer un homme ?

— Par exemple au lit, lui dire bravo. Remercier. Dire merci, c'est important.

Pourquoi est-ce la femme qui doit dire merci à l'homme ?

— Parce que vous m'avez demandé ce que la femme devait faire pour rassurer un homme, mais celui-ci doit aussi dire merci : « J'ai passé un moment merveilleux grâce à toi. » Ecouter, rassurer, remercier sont des choses simples qui, dans un moment d'intimité, prennent une grande importance.

Quelle est l'erreur que font le plus souvent les femmes avec les hommes ?

— Exprimer leur désir de façon trop explicite ou trop rapide. Je vous donne l'exemple d'une femme que j'ai vue il y a cinq jours. Nous avons fait un exercice de graphologie. Je lui ai fait écrire : « J'aime la graphologie », et elle a écrit : « J'aime la graphologie et le reste aussi. » C'était la première fois que je la voyais, je la connaissais depuis dix minutes. Si elle voulait me séduire, elle a commis une erreur stratégique. Au fond, elle m'a trop ouvertement dit qu'elle était disponible sans que j'aie eu le temps de décider quoi que ce soit à son égard.

Le désir a-t-il quelque chose à voir avec l'amour ?

— Oui, mais cela dépend si vous êtes du type artiste ou du type camionneur (il faudrait trouver un terme équivalent au féminin). Le camionneur est très axé sur sa pulsion, sur son désir, et l'objet d'amour n'est pas très important. En revanche, pour ce que j'appelle les artistes, c'est l'objet d'amour qui va enclencher le désir. L'amour est très important. C'est l'autre qui donne un sens au désir sinon cela ne vaut pas la peine. Côté hommes, ces derniers deviennent de plus en plus nombreux.

Le désir des hommes est donc en pleine métamorphose...

— Le grand travail pour l'homme, c'est d'entrer un peu plus dans le domaine de l'intimité qui lui a longtemps paru comme un sentiment de série B.

Comment peuvent-ils faire ?

— Aller vers le désir partagé. C'est un apprentissage de l'altérité. Un principe d'éducation sentimentale.

Cette notion de l'autre n'est pourtant pas nouvelle !

— Oui mais auparavant, pour un homme, il ne s'agissait pas de cette femme-là, elle était l'épouse. Ni pour une femme, de cet homme-là, il était le mari. Les couples étaient des coquilles un peu vides définies par les rôles sociaux. Nous nous dirigeons maintenant vers une personnalisation des individus. Ils sortent du rôle stéréotypé de l'homme qui devait être travailleur, non buveur, pratiquant et fiable, et de la femme qui devait être fidèle et féconde. Faire attention à l'autre devient une nécessité pour le couple.

Le désir des hommes n'est donc pas en voie de disparition ?

— Non, sinon la société entière serait en voie de disparition. Le désir est comme un caméléon qui est en train de changer de dimension. Il a perdu les caractéristiques plus grossières de la dimension animale et, comme un feu sous les cendres, il va réapparaître sous un angle différent. Il y aura des désirs et non un désir qui était le désir de type masculin. C'est le challenge du XXIe siècle.

YVES DONNARS

« La nouvelle exigence, c'est de considérer l'autre non pas comme un objet de conquête mais comme le partenaire d'une relation. »

Yves Donnars a cinquante-trois ans. Nous nous rencontrons pour la première fois. Il habite à deux pas de Notre-Dame de Paris, un deux pièces de célibataire dans lequel il vit la moitié de son temps. L'autre moitié se passe en Charente-Maritime. C'est Yves Donnars qui a inventé et mis sur pied « L'espace des possibles » popularisé par l'écrivain Michel Houellebecq dans un de ses romans. Psychosociologue, il a écrit une thèse sur « l'extime », lieu de rencontre entre l'intime et le social. S'il accepte de parler de lui, c'est donc dans le droit-fil de cette démarche, dans un but de recherche et d'enseignement. Yves Donnars n'a jamais été marié. Il est père d'un jeune garçon de seize ans. Et vient de se séparer de sa compagne avec laquelle il est resté dix ans. Il prend un air gourmand, avec des petites lumières au fond des yeux quand il parle de sa découverte de l'autre, en particulier du sexe féminin.

Pourquoi accepter de répondre à mes questions ?

— Le sujet m'intéresse : l'évolution des hommes et de leurs relations aux femmes me paraissent être des sujets essentiels.

En tant que sociologue, pensez-vous que les hommes sont en train d'évoluer ?

— Oui. Il y a aujourd'hui une extraordinaire pression sur les hommes, concrète, pratique, fonctionnelle, et qui bouleverse leur identité.

Et vous ?

— Moi aussi je suis dans une phase de ma vie en renouvellement. Je suis en chantier. Je me sens en transformation. Je ressens le besoin de changer, de nettoyer mes lunettes, de sentir, d'aimer, de m'ouvrir.

Est-ce que vous avez l'impression que vos attentes vis-à-vis des femmes sont en train de changer ?

— Oui. Jusqu'à présent je vivais des relations amoureuses fixes. Maintenant ce peut être des rencontres en passant, qui se prolongent. Je suis aujourd'hui davantage dans la surprise et la découverte de femmes relativement diverses.

Vous voulez dire qu'une relation fixe n'est plus votre but ni votre idéal ?

— Non, mais cela peut le redevenir. Cela dépend de l'autre, de la vie et de moi. Je crois que la faculté d'aimer n'est pas donnée en totalité à la naissance. Elle se construit tout au long de notre vie.

Vous sortez d'une rupture ?

— Non pas d'une rupture, d'une séparation.

Quelle est la différence ?

— Elle est fondamentale. La rupture c'est dur, c'est difficile, ce n'est pas consensuel. Là, il s'agit d'une histoire qui a trouvé son achèvement. Si l'un a le cafard, il peut téléphoner à l'autre. Je porte un réel intérêt à l'autre en dehors du fait que je puisse être ou ne pas être avec elle. La plupart des personnes avec qui j'ai vécu, je les revois. Mes ex sont importantes. Lorsque l'on a vécu des choses essentielles avec quelqu'un, l'amour demeure. Finalement aujourd'hui la relation avec l'autre n'est plus là pour construire ensemble mais davantage pour se reconnaître et se découvrir mutuellement. C'est une relation d'accompagnement mutuel.

De quelle manière ?

— La première construction, c'est de voir et de sentir la beauté de l'autre. Le critiquer sans amour, c'est le castrer.

Dans un de ses livres, Scott Peck dit qu'aimer c'est vouloir l'évolution de l'autre.

— Oui, c'est un peu ça. On croit souvent qu'à dix-huit ans l'éducation est terminée. Moi, je pense que c'est toute la vie que l'on évolue, que l'on se remet en question. Malgré les apparences sociales, en profondeur, il y a souvent de l'insécurité. Il y a beaucoup de peurs en chacun de nous, beaucoup d'insatisfactions. Cette remise en question se fait de zéro à cent vingt-cinq ans. Nous sommes tous des êtres de manque. L'amour, c'est ce que l'on met autour du manque. Il permet d'exprimer ses vulnérabilités et d'entendre celles de l'autre. L'amour naît de l'échange des manques.

Et ce manque est un aiguillon...

— Voilà. Autrefois à seize ans, on avait un métier, une compagne, la vie était toute tracée. A seize ans, c'était fini, la vie était terminée. De plus, on était très dépendant de ses groupes d'appartenance. Il y a une perspective d'évolution de l'individu qui est toute nouvelle. On n'est plus simplement la personne qui va se marier, qui va avoir un beau métier, qui va être un être social reconnu. On ne peut plus se contenter d'être M. le professeur, le médecin ou l'industriel. Nous avons aujourd'hui des identités multiples que l'on essaye d'intégrer tout au long de notre vie.

C'était le cas de votre compagne ?

— Oui. C'est une fille qui, d'infirmière, est devenue psychologue, a changé plusieurs fois de métier, s'est remise en question. Elle a fait cette démarche de repartir de zéro. De timide, réservée, elle est devenue femme. Elle avait aussi du mal à construire des textes, à réfléchir, et elle a dû reprendre des cours de philosophie, accepter d'apprendre. Elle a réussi grâce à ce talent.

Et grâce à vous ?

— Moi, je l'accompagnais. J'étais sensible à ce qu'elle faisait.

Vous lui aviez dit que vous vouliez construire avec elle ?

— Oui, oui. Tout à fait.

Comment cela s'est-il passé ?

— Elle m'a dit oui plusieurs fois, et puis cela n'embrayait pas. En réalité, elle était moins intéressée que moi. J'étais beaucoup plus ouvert à son évolution ou à une évolution ensemble qu'elle n'était ouverte à ma propre dynamique. Je ne la sentais pas très curieuse de moi. Beaucoup de son énergie se portait sur sa propre réussite.

Et non sur votre couple...

— Pour moi, dans un couple, il est important de pouvoir se materner l'un l'autre quand on en a besoin mais aussi de se paterner, se stimuler ou jouer ensemble. Les rôles, les statuts sociaux ne dépendent plus du sexe des individus. Ce sont des facettes que l'on doit pouvoir faire évoluer. Par exemple, il y a énormément de femmes aujourd'hui qui réagissent négativement au fait d'aimer un enfant, de décorer une maison ou de mitonner un plat parce qu'elles ont l'impression qu'elles vont se faire enfermer dans ce rôle unique. C'est un vieux combat.

Ce combat n'est-il pas dépassé ?

— Il est dépassé mais il reste assez ancré. Mon ex-compagne par exemple dévalorisait énormément ses fonctions féminines. Je l'ai aidée comme je l'ai pu.

A se réconcilier avec son côté femme ?

— Oui, tout à fait. Quand je l'ai rencontrée, elle n'avait pas l'habitude de recevoir. Quand des invités arrivaient chez elle, elle restait plantée sur le palier. Elle n'avait pas l'idée de dire : « Entrez, installez-vous. » Beaucoup de femmes aujourd'hui n'ont pas le sens de l'accueil.

Vous voulez dire qu'elles ne l'ont plus ?

— Oui, parce qu'il ne leur a pas été transmis. La fonction d'accueil peut être transmise par le père ou par la mère. Cela commence tout simplement par savoir dire : « Asseyez-vous, installez-vous, vous voulez un thé ? » C'est aussi se mettre à la place de l'autre, s'intéresser à ce qu'il pense, sent, créer le cadre de la rencontre.

C'est ce qui s'appelle tout simplement avoir le sens de l'hospitalité.

— Oui. Pour moi, c'est fondamental. Je pense que l'on a besoin d'y être initié. Sexuellement aussi, il y a besoin d'initier, d'être initié. On est mutuellement initiateur de l'autre. L'hospitalité, c'était la loi de l'Antiquité la plus profonde parce qu'elle signifiait l'accueil de l'inconnu. L'inconnu était celui qui apportait des nouvelles, celui par qui des transformations allaient advenir, un peu le messager des dieux. Aujourd'hui, c'est pareil. Le sens de l'hospitalité, c'est comment attirer l'autre, le mettre à l'aise, le prendre à l'intérieur et lui restituer son autonomie.

« Prendre à l'intérieur », est-ce selon vous une fonction féminine ?

— Au départ oui, mais elle me paraît aujourd'hui essentielle à tout être humain, en particulier aux hommes. Savoir accueillir en soi, recevoir la parole de l'autre et la lui retourner. Par exemple vous m'écoutez et je sens que ma parole a un écho, une résonance en vous. Je me sens en confiance et cela me donne l'envie d'approfondir l'échange. Je me découvre dans votre écoute. Vous m'aidez à m'inventer.

Est-ce le même mouvement d'échange que vous vivez dans votre sexualité ?

— Oui, le sexe est dans le partage plus que dans l'exécution d'un fantasme, d'un scénario, ce qui ne veut pas dire refuser d'entrer dans le scénario de l'autre. Il faut juste savoir que le fantasme met à distance alors que l'affectif rend dépendant. Il n'y a pas d'amour sans attachement, et l'on passe alors à côté du meilleur de la vie.

Pensez-vous qu'au lit les fonctions homme-femme soient également interchangeables ?

— Oui, par exemple dans la pénétration, on pourrait croire que c'est l'homme qui pénètre la femme, mais d'un autre côté, c'est aussi elle qui le pénètre. C'est la fusion de deux êtres dans la confiance et dans l'amour. Un espace est fusionné, et cette dimension n'est plus simplement attribuée à l'un ou à l'autre.

Qu'est-ce qu'est pour vous une initiation sexuelle ?

— Initier, c'est laisser monter le désir, dire à l'autre : « Laisse venir. » Prendre le temps de se masser, de faire l'amour justement, accepter de ne pas savoir, avoir un truc qui passe par la tête et le dire à l'autre. Ce qui ne veut pas dire forcément le faire. Il y a un érotisme et une poésie de la parole. Prendre le temps de se dire ses fantasmes, de faire apparaître son monde intérieur, son monde d'attirances qui est une passerelle de l'intime. Je trouve ça super quand ma compagne me dit qu'elle a envie de faire telle ou telle chose ou que justement elle prend les devants. J'aime quand l'autre me prend par la main et me dit : « J'ai envie de toi. » C'est fabuleux. Les femmes d'aujourd'hui expriment de plus en plus ce qu'elles aiment. Cela se sent, une femme qui a envie, qui mouille, de même que vous devez sentir qu'un homme bande.

Est-ce que cela ne vous inhibe pas qu'une femme vous fasse des avances ?

— C'est la même chose qu'un homme avec une femme. Il faut arriver à entrer en phase. La rencontre est une danse. Aujourd'hui, que la femme se mette dans la position de l'homme ne me gêne pas du tout.

Est-ce que vous cela vous est déjà arrivé d'entamer une vraie relation profonde et durable avec une femme qui vous avait dragué ?

— Oui.

Vous pouvez me le raconter ?

— Nous nous étions rencontrés chez des amis. Nous avions échangé nos numéros de téléphone et une semaine plus tard, elle m'appelle : « Je suis dans ton quartier, est-ce que je peux monter ? » Elle m'apporte un disque dont elle m'avait parlé. C'était un disque langoureux. Elle m'a proposé de danser. Elle a mis l'ambiance.

Mais n'est-ce pas vous qui avez fait ensuite le premier pas ?

— Non pas du tout. C'est elle. A un moment, elle y est allée. Moi, j'ai pris vraiment du plaisir à attendre que son désir s'exprime. Elle l'a exprimé, elle s'est frottée contre moi. Ce qui était très agréable pour moi, c'était justement de sentir que c'était elle qui me désirait et de faire monter le plaisir. Ce moment de désir, d'ouverture était superbe, et c'était elle qui le prenait en charge, qui en avait envie, et c'était moi qui le réfrénais. C'est agréable quand on sent que l'un et l'autre sont proches de basculer et que l'on fait durer le plaisir. En fait, ces préambules ont duré deux heures. Et c'était un peu dur parce qu'elle devait repartir en province. Nous n'avons pratiquement pas fait l'amour ce soir-là, ou très rapidement. Par contre, cela m'est arrivé qu'une femme soit trop entreprenante.

Qu'appelez-vous « trop entreprenante » ?

— Si vous voulez vraiment savoir, il est arrivé qu'on me mette la main directement à la braguette. Là est le problème.

Quel est le problème ?

— Je sentais qu'elle était enfermée dans son système à elle. Or, un homme a besoin de sentir que l'autre en a envie, que ça va être bien, qu'elle va vous faire vivre une aventure. Moi, si je sens que l'autre est énervée ou a quelque chose à se prouver, c'est non. C'est la même chose pour vous les femmes avec les hommes. Beaucoup me font des confidences. Quand elles sentent que le type a seulement envie de tirer son coup et d'évacuer une tension, c'est non. La nouvelle exigence aujourd'hui, c'est de considérer l'autre non pas comme un objet de conquête, mais comme le partenaire d'une relation.

Tout est donc dans l'art et la manière. Où est la différence exactement ?

— Il y a de plus en plus de femmes qui sont dans un rapport de pouvoir. Elles se disent : « Je vais me payer ce mec » dans un esprit de « consommation ». Des femmes qui tranquillement se rapprochent et, l'air de rien, se mettent à pratiquer.

Vous pouvez être plus précis ?

— Se mettent directement à me masturber. Sans transition.

Comment l'avez-vous vécu ?

— En fait, de manière sexuelle presque pas. Comme il n'y a pas de transition, il y a un temps durant lequel je me suis dit : « Qu'est-ce qui se passe ? Où en suis-je ? » (*Rires.*)

C'était dans quel contexte ?

— En marge d'une soirée, dans un endroit calme. Je la connaissais un petit peu. Mais ce genre de choses m'est arrivé à plusieurs reprises.

Comment avez-vous réagi ?

— C'est comme de boire un thé. Une femme qui vous propose une gâterie, ce n'est pas désagréable. Ce qui est drôle, c'est de laisser faire et puis de dire au bout d'un moment « ça suffit ».

De quelle manière ?

— Simplement, j'ai remis de l'ordre dans ma tenue. Mais je suis resté en contact avec elle. Je ne l'ai pas laissé tomber. Je lui ai proposé d'aller boire un Coca-Cola et nous avons discuté.

Et elle, elle l'a pris comment ?

— Je pense qu'elle aurait aimé aller plus loin. Je ne le sentais pas. Contrairement à l'autre exemple de la femme qui vient, qui apporte un disque, qui installe une atmosphère. J'adore par exemple qu'une femme m'offre des fleurs.

Vous êtes en train de dire que le sexe pour le sexe ne vous intéresse pas.

— Vous croyez qu'il y a beaucoup d'hommes que cela intéresse ?

C'est en tout cas souvent un cliché de le croire.

— C'est une erreur fondamentale que font beaucoup de femmes de croire que le désir de l'homme est mécanique. Cela leur paraît mécanique parce qu'elles ne le comprennent pas. Elles disent qu'il bande tout de suite. Elles pensent qu'il en serait de même avec n'importe quelle femme. Or, le processus est bien plus complexe. Il s'agit de la création d'un espace de rencontre. Moi, je ne bande pas avec n'importe qui. Je suis sensible à la poésie, à la surprise. Quand je désire une femme, je ne peux pas faire l'amour avec une autre. A l'inverse, l'homme peut se mettre – et je pense qu'une femme aussi – dans une espèce de trip sexuel.

Dans quel contexte ?

— Aux Etats-Unis, il y a une quinzaine d'années dans des groupes californiens. Il y régnait une atmosphère de sensualité, de sexualité. L'affectif est complexe. Le sexe n'est pas forcément rose ou beau. Surtout dans les fantasmes. Il y a une différence entre le fantasme et la réalité. C'est chouette de pouvoir partager ses fantasmes.

Vous le faites souvent ?

— C'est plus facile pour moi avec des personnes avec lesquelles il n'y a pas de vrai investissement affectif.

Pourquoi ?

— Parce que ce n'est pas forcément drôle d'imaginer que la personne qui vous attire beaucoup a aussi des envies multiples. Moi, si j'aime une femme, j'ai besoin d'entretenir autour d'elle un certain halo de pureté. Ce qui veut dire sentir jusqu'où ne pas aller trop loin. On a besoin de mystère, et si on se dit que l'autre est une sacrée salope ou un sacré coureur, cela ne peut pas marcher. Une relation forte, il faut savoir la protéger. Si on veut créer un lien durable, on ne peut pas faire n'importe quoi. Cela m'est arrivé d'aller dans une partouze, mais pas avec la femme que j'aime.

Cela vous a plu ?

— Non, cela m'a paru artificiel. Je suis resté à l'extérieur.

Que pensez-vous de la fidélité ?

— J'accepte que l'autre soit libre et puisse avoir des relations avec d'autres personnes. On peut se donner ce droit mais je n'ai pas non plus envie que cela devienne douloureux.

Vous ne répondez pas vraiment...

— La fidélité, c'est ne pas avoir de relations sexuelles avec d'autres partenaires. Une fidélité plus profonde, c'est la continuité affective par rapport à soi-même. Quand je me sens lié affectivement et sexuellement à quelqu'un, je n'ai pas envie d'engager d'autres relations ou très exceptionnellement. Je crois à la force de l'engagement. L'amour ne peut pas s'approfondir sans confiance.

J'entends souvent dire que les hommes pensent tout le temps au sexe. Est-ce que vous, vous y pensez souvent ?

— L'homme peut, d'un coup d'œil sur une fesse, un sein, une démarche, une voix, imaginer quelque chose de sexuel.

Tout le temps ? Même dans un cadre de travail ?

— Oui, bien sûr.

Vous pensez tous les jours au sexe et plusieurs fois par jour ?

— Ce sont de petites excitations qui viennent et se referment, de petites fenêtres sur le désir. Les hommes peuvent avoir des espèces de lueurs d'excitation qui durent quatre secondes et que les femmes, elles, inhibent. Beaucoup de choses se vivent à notre insu parce que notre cadre de références ne l'accepte pas. Et heureusement, parce que là se constitue l'espace entre le désir et la loi.

Vous avez parlé de la peur de la dépendance...

— Ma peur, c'est de souffrir. Et aussi que l'autre s'attache. L'amour comporte toujours un risque sans lequel il n'y a pas de vraie joie.

Pourquoi cette peur que l'autre s'attache ?

— L'autre est merveilleuse quand elle est chatoyante, en mouvement, extraordinaire, mais quand elle dit « Quand est-ce que tu reviens ? » ou « Ce boulot que tu vas prendre, ce sera tous les quinze jours ? A Montpellier ? Ah ! », cela est difficile. Je veux pouvoir partir en voyage un mois sans que l'autre le vive comme si la terre s'écroulait.

C'est plutôt flatteur qu'une femme s'attache à vous. En quoi cela altère-t-il votre liberté ?

— Si cela devient douloureux pour l'autre, cela devient douloureux pour moi.

Comment pouvez-vous à la fois avoir peur de la dépendance et avoir le désir d'une relation durable ?

— L'amour a des composantes archaïques. J'avais une mère surprotectrice qui s'inquiétait dès que je faisais dix mètres loin d'elle. Moi, aujourd'hui, j'ai envie de me sentir libre de pouvoir ne pas être là certains jours, prendre de la distance. C'est important que l'on soit attachés l'un à l'autre mais en même temps c'est important pour moi de me sentir libre. Et cela nécessite de la part de l'autre une autonomie qui n'est pas toujours présente.

De la part de la femme ou de la part de l'homme ?

— Des deux. Pour beaucoup d'hommes, il serait insécurisant que leur femme parte ailleurs une semaine par mois, même pour son travail.

Et pour vous ?

— Pour moi, ça va. Ce rythme est le mien. Mais il m'est arrivé souvent de revenir spécialement de week-end pour l'autre, juste pour lui faire plaisir. Et puis il y a aussi des femmes qui disent : « Si tu m'aimais, tu ne partirais pas. » C'est du chantage affectif. C'est parce que ma compagne me donne la liberté que j'ai envie d'être avec elle. C'est le paradoxe. La fille qui me dit « Tu dois rester avec moi » m'ennuie et me gêne. Je sens que c'est son propre problème d'insécurité. La femme angoissée parce que, à 6 heures, l'homme – ou la femme, c'est valable des deux côtés – doit être rentré, je ne peux pas supporter. Il est fondamental de pouvoir suivre sa passion à l'intérieur d'une relation. Sinon, on se dénature. C'est l'exercice profond de notre liberté. C'est parce que l'autre me rend libre que j'ai envie d'elle comme compagne ou comme amie. Sortir de l'obligation est important. C'est la liberté qui permet le lien.

Cette relation-là a-t-elle été durable ?

— Nous nous voyons régulièrement. Nous n'allons pas nous voir pendant un mois et puis nous allons passer un week-end ensemble ou une soirée. Nous nous laissons une grande liberté.

Cela a-t-il été dit et exprimé ?

— Oui, nous essayons d'être clairs. A certains moments, la relation se refroidit. A d'autres, elle se réchauffe. L'autre me dit : « Tiens, tu me zappes ! » Je réponds : « Non, je ne te zappe pas mais je suis pris dans d'autres choses ou je suis préoccupé. » N'importe comment, nous n'avons ni l'un ni l'autre l'envie d'une relation sérieuse. C'est une relation de très grande autonomie. Cela peut aussi ne pas être facile. Il peut y avoir du manque.

De votre côté ?

— Oui, à certains moments, j'aurais bien aimé prendre l'avion pour la rejoindre. C'est une relation passionnelle mais en même temps distanciée.

Et de son côté ?

— Elle se choisit toujours des hommes un peu lointains parce qu'elle a des projets, parce qu'elle veut bouger.

Pensez-vous que les relations sexuelles entre hommes et femmes ont, elles aussi, évolué ?

— En amour, il y a aujourd'hui beaucoup de peur. Dans la relation sexuelle aussi. L'important est de savoir comment on se rassure mutuellement et comment on se détend. Beaucoup d'hommes étaient auparavant sans cesse dans l'action, la pénétration, les cinquante positions. De leur côté, certaines femmes sont devenues terriblement actives. Moi, je leur dis : « Respire, attends, cool, on se sent bien. » Beaucoup de femmes ont du mal à accepter d'être pénétrées, de prendre un homme, d'être prises. L'initiation toute simple consiste à aimer, à se calmer, à dire « on a le temps », à arrêter, à communier. On en fait toujours trop. Souvent l'homme veut aller jusqu'au bout et la fille va vouloir lui faire plaisir, en tout cas les premières fois. Et là, justement, la femme n'initie pas l'homme. Je pense que les femmes ont la responsabilité d'apprendre à l'homme quels sont leurs besoins. C'est super qu'une femme me dise « là, je sens ça » ou « là, t'es trop haut ». Il faut que l'on s'initie mutuellement à notre rythme, à notre plaisir, et au calme. Beaucoup de caresses peuvent être largement aussi agréables que la pénétration. Il n'y a pas de règles. La pornographie est pénible. Elle ne reflète aucunement la réalité de l'amour.

Et vous, avez-vous été initié par une femme ?

— Oui, souvent. Et cela continue. Comme chaque être est différent, nous avons tous à apprendre les uns des autres.

Quelle est la dernière chose qu'une femme vous ait apprise ?

— A me laisser aller à l'aimer. J'avais l'impression que je le faisais, et en fait, je me suis aperçu que je me retenais, que je ne lâchais pas complètement.

Que vous a-t-elle dit pour vous le faire comprendre ?

— Elle m'a dit : « J'ai l'impression que tu ne te laisses pas aller, j'ai l'impression que tu penses à autre chose. »

Et qu'est-ce qui vous empêchait de vous laisser aller ?

— Je pensais à autre chose. J'étais encombré. Et le fait qu'elle l'ait accepté sans jugement m'a permis d'en prendre conscience.

Le fait que ce soit accepté par l'autre ?

— Et aussi que l'autre me dise : « J'ai envie que tu sois là, j'ai envie que tu sois avec moi, que tu me regardes, que tu me touches, que tu te laisses aller. » C'était super.

De quel genre de femme pourriez-vous avoir peur ?

— De la femme trop garçon, qui prend les devants en terme d'activité et se coupe de son plaisir, de sa capacité de résonance.

Et la féminité, vous fait-elle peur ?

— C'est la réceptivité qui m'émeut chez une femme, quand je sens qu'elle se met en état de réception. Je découvre aujourd'hui chez les femmes cette féminité qui, par sa capacité d'accueil et de résonance, donne à la relation une dimension très forte. C'est un état de réception active.

C'est de cette intensité que vous avez peur ?

— Oui. C'est la peur et l'envie d'être absorbé. C'est le retour aux origines. C'est la peur de la régression. Parce que finalement, aimer, c'est régresser de façon positive. C'est se laisser aller. C'est prendre le risque de retourner à l'élémentaire et l'indifférencié, abandonner son identité de surface. Cela permet parfois d'accéder à des couches plus essentielles de notre être, une dimension sacrée.

C'est la peur de se perdre... ?

— Oui, la féminité forte peut être inquiétante pour l'homme. Elle peut aussi être attirante. Un homme doit parfois savoir se perdre pour mieux se retrouver.

BERNARD TORGEMEN

« Le port du pénis aujourd'hui est un exercice qui peut être périlleux. »

Ne dites surtout pas à Bernard Torgemen qu'il est psychothérapeute, il est psychanalyste et il le revendique. Quand on lui demande à quelle école de pensée il appartient, il répond en toute candeur : « Je suis torgemenien. » En ce sens, il appartient à son temps. Ses maîtres ont pour noms Françoise Dolto et Anne Ancelin-Schützenberger, l'une des fondatrices de la psychogénéalogie. Il a été l'un des premiers à créer des groupes d'hommes en France. Ceux qu'il anime aujourd'hui ont pour thème l'influence de l'Histoire sur l'histoire des individus. Et sur leurs névroses. Pour lui, les hommes d'aujourd'hui ont des comptes à régler avec le passé. Bernard Torgemen a quarante-neuf ans. Il a longtemps travaillé en institution, dans les secteurs de la psychiatrie et de la toxicomanie.

Pourquoi avoir voulu créer des groupes d'hommes ?

— Pour deux raisons. D'abord parce que, à l'époque, cela n'existait pas encore. Nous sentions un manque face à l'ébullition des femmes. Nous nous sommes retrouvés plusieurs dans des groupes de travail analytique à ressentir le besoin de parler de notre masculin parce qu'il était soit défaillant, soit difficile, soit incertain, soit tout simplement vécu dans la solitude. Dans un premier temps, nous avons commencé par nous définir par rapport aux groupes de femmes. Beaucoup des hommes de ce premier mouvement étaient passés comme moi par le MLAC, le Mouvement de libération de l'avortement et de la contraception. Nous avions commencé dans les années 70 à militer autour et en parallèle du mouvement des femmes sans nous rendre compte que nous n'étions pas « des femmes comme tout le monde ». Nous étions des hommes ! Très vite, nous avons pris conscience douloureusement qu'elles n'avaient pas besoin de nous pour leur lutte. Nous nous sommes faits éjecter par les mouvements féministes. Et nous étions restés en deuil d'une parole non formulée, celle d'une réelle égalité homme-femme dans la différence. Cette parole des hommes était restée en l'air quand les femmes ont fait leur révolution.

Quelle est l'autre raison pour laquelle vous avez créé ces groupes ?

— Ce premier groupe d'hommes est également parti d'une constatation. Lorsque je travaillais en institution dans les secteurs de la psychiatrie et de la toxicomanie, je voyais les jeunes femmes venir me parler spontanément de leurs problèmes. Les hommes, eux, arrivaient toujours en bout de course : après des tentatives de suicide ou dans des situations complètement désespérées. On les traînait ou les poussait quasiment de force en consultation. C'était assez rare de voir des hommes venir parler de manière spontanée. A l'époque, cela ne se faisait pas !

Que disent les hommes quand ils se rencontrent ?

— Nous en étions, dans « les années de braise », encore au déballage. C'était toujours en référence aux femmes. Il y avait ce mouvement de dire : « Super, on parle sans elles et on parle d'elles et de nous sans idée de performance ni de tableau de chasse, juste avec nos sensibilités d'hommes. » Souvent dans les groupes, les hommes parlent de leur père. Il y a cette désolation que j'entends de la part des hommes qui se posent des questions sur leur père : soit ces derniers étaient dans le modèle de l'autoritarisme, soit ils étaient défaillants. La réflexion des hommes oscille entre ces deux pôles. Ils savaient les insuffisances ou les défaillances de leurs pères dans ce rail du masculin, mais tout devait être tu comme si cela n'existait pas. Ce rail-là n'a pas attendu les années 70 pour péricliter. D'autres générations l'avaient senti auparavant, tout particulièrement les hommes de retour de la guerre. Un soldat s'en va t'en guerre avec son bâton de maréchal dans sa sacoche, mais il revient toujours – quand il revient – avec du linge sale dans sa musette.

Que vous demandent les hommes quand ils viennent vous voir ?

— Les hommes viennent souvent avec des demandes moins explicites que les femmes. Ils viennent rarement avec des raisons précises sauf cas graves ou impuissance notoire. Ce qui me frappe en tant qu'analyste, c'est que l'on demande aux hommes de prouver qu'ils sont des hommes. La souffrance même vient de cette preuve à fournir. Nous avons été conditionnés ou élevés pour faire nos preuves dans une réussite individuelle contre les autres hommes. Cela passe souvent par le social ou par la performance sexuelle. Il ne suffit pas aux hommes de naître homme. Quand finalement ils arrivent à le prouver ou qu'ils pensent y être arrivés, ce questionnement va être oublié. Mais quand ils n'y arrivent pas ou quand ils croient n'y être pas arrivés, la blessure ou la souffrance perce. Le premier mouvement des hommes, c'est le silence. Dans leur détresse, qu'elle soit sexuelle, conjugale, professionnelle ou spirituelle, les hommes sont seuls et isolés, ils ne se relient pas à d'autres. Ils ne décrochent pas leur téléphone pour parler à d'autres hommes dans la même situation, comme le font les femmes. Plus étonnant encore, leur premier réflexe est d'appeler des femmes. Et, généralement, ils obtiennent de leur part une aide, un regard ou un discours qui va les renvoyer de nouveau à leur carence en tant qu'hommes.

De quelle carence parlez-vous ?

— De la difficulté des hommes à communiquer. On ne nous a appris que l'agir. Par exemple au moment d'une séparation ou d'un deuil, des femmes vont dire à un homme : « Tu ne lui avais pas assez parlé. Tu ne pouvais pas, tu es un homme. » Elles le voient comme « ce brave garçon si fragile ». C'est désastreux pour son narcissisme. Ce type d'aide enfonce encore plus l'homme dans une position d'infériorité et le renvoie à sa difficulté d'être homme. Le silence des mâles n'est pas une fatalité.

Pourquoi un homme ne demanderait-il pas de l'aide à un autre homme ?

— Hors d'un contexte thérapeutique, très peu d'hommes se relient entre eux, ne serait-ce que pour parler du masculin. Sauf dans les cafés où ils vont parler des femmes en termes de tableau de chasse. Cette notion de tableau de chasse va tuer la parole des hommes, soit parce qu'ils sont prisonniers de cette mythologie et qu'ils vont en rajouter, soit parce qu'ils sont déjà tellement blessés que l'affichage du tableau de chasse des autres hommes va les humilier encore davantage. Le pauvre garçon qui est dans le désespoir à ce moment-là est submergé. De toutes les façons, il ne peut pas parler de ses sentiments. Ce n'est pas le lieu, et il y en a rarement d'autres. Dans ce type de groupe, on constate le rejet des hommes en difficulté.

C'est un processus d'exclusion ?

— D'exclusion et de clivage. Ils deviennent des mauvais objets pour les groupes. Ce sont des « porte-poisse » et on les croit contagieux, et, surtout, « ça n'arrive qu'aux autres, aux faibles » ! On s'écarte des « loosers » dans ce type de comportement masculin archaïque. Après, à partir du moment où les hommes sortent de ces archaïsmes, il y a toute une palette de sensations qui vont pouvoir se mettre en place. Ils vont aller chercher d'autres manières d'être homme, mais ce n'est pas facile.

Quels sont les obstacles ?

— Un homme qui décide par exemple de s'inscrire dans un groupe de peinture ou de sculpture se retrouve en général seul au milieu de dix femmes. Dans une chorale, *idem*. Au bout d'un moment, il finit par se demander ce qu'il fait là. C'est la raison pour laquelle nous avons créé ces groupes d'hommes.

Un groupe thérapeutique ?

— Non, le premier était un groupe de réflexion sur le masculin. Le deuxième est un groupe thérapeutique, basé principalement sur la problématique de l'éjaculation précoce.

Comment expliquez-vous qu'aujourd'hui plus de la moitié de vos patients soient des hommes ?

— La souffrance des hommes devient plus évidente. Ce qui est signifiant, c'est l'arrivée massive des hommes en psychanalyse ou en thérapie. Quand j'ai commencé ma pratique de psychanalyste indépendant, j'avais 85 % de femmes et 10 à 15 % d'hommes.

Et aujourd'hui ?

— Oui, j'ai plus d'hommes que de femmes : 55 % d'hommes et 45 % de femmes. C'est plus difficile encore pour les hommes de faire cette démarche parce qu'ils n'ont pas l'habitude de parler de leur vie intime. Peut-être que mon style en tant qu'analyste permet plus facilement à des hommes de venir. Je ne fais pas partie des lacaniens ou des freudiens qui restent muets comme des carpes. Les hommes me téléphonent en disant : « Je viens de la part de... » Les femmes qui viennent de la part « de », de temps en temps, oublient de le dire, jamais un homme. Comme si ce parrainage le protégeait.

Vous pensez que les hommes sont en train de faire leur révolution ?

— Les hommes sont en train de comprendre leurs souffrances. La révolution sera pour nos fils. Entre vingt-cinq et quarante-cinq ans, les hommes que je vois sont bien souvent dans une totale confusion. Il y a une vraie douleur des jeunes hommes aujourd'hui. Et pas seulement dans mon cabinet de consultation. Tous les hommes d'une trentaine d'années qui ont un peu réfléchi se déclarent d'une certaine manière souffrants face aux femmes.

Peut-on définir cette souffrance ?

— Oui, elle oscille entre des douleurs intimes et un malaise du masculin. Les hommes disent clairement : « On nous demande d'être performants à tous les niveaux. Aux femmes, on ne leur demande rien, alors quand elles réussissent, les lauriers sont pour elles. Le sexe fort aujourd'hui, c'est les nanas. » Ils me disent aussi : « A quoi cela sert-il aujourd'hui d'avoir des gros biscoteaux et une quéquette ? La position du guerrier mis à part, et même en étant agriculteur, pour conduire un tracteur ou se servir d'un ordinateur, cela n'est plus nécessaire. »

Et au lit ?

— Je ne pense pas que les références à la position allongée les rassurent. Les hommes que j'ai entendus se sont tous fait un jour ou l'autre ramasser par une femme. Cette position de pseudo-toute-puissance ne tient pas.

Est-ce un phénomène nouveau ?

— Oui. Aujourd'hui il n'y a plus de rails, plus de règles. Il y a une jeune génération de femmes qui montent pour lesquelles l'égalité est une évidence. Elles ont le droit d'être à la fois des citoyennes à part et en même temps des citoyennes à part entière. Elles sont « à part » de par leur féminin, mais elles sont dans l'égalité du masculin. Alors que les hommes ne se sentent pas des citoyens à part ! Ils se sentent dans l'égalité de la compétition. Quand une femme est en parité avec eux ou en situation de supériorité par rapport à eux, ils prennent cela comme un échec. Quand ils perdent face à une femme, ils n'ont pas perdu que leur enjeu, ils ont aussi perdu leur masculin. Ce n'est pas du jeu ! Quand une femme perd face à un homme, elle ne perd que l'enjeu social.

Qu'est-ce que « perdre son masculin » ?

— Il s'agit du masculin social : avoir un sexe d'homme donne un pouvoir. La dissociation n'est pas encore faite entre phallus et pénis. Le port du pénis aujourd'hui est un exercice qui peut être périlleux. Le port du phallus, lui, n'est réservé ni aux garçons ni aux filles. Cette autorité phallique, on l'a ou on ne l'a pas.

Quelle est la différence entre le pénis et le phallus ?

— Le phallus est une représentation à la fois sociale et presque éthologique, animale, du dominant quel que soit son sexe. Et le pénis, c'est l'organe.

Est-ce si nouveau que les hommes aujourd'hui commencent à chercher à comprendre leur souffrance ?

— A la comprendre, je ne sais pas. Ils commencent à la parler.

Comment cela se gère-t-il au cours d'une psychanalyse, un homme qui « perd son masculin » ?

— Tout le travail consiste à différencier le pénis du phallus. Et à faire entendre que l'on peut parfaitement avoir un pénis et ne pas être dans une recherche phallique ou être dans une recherche phallique et ne pas forcément être totalement efficient avec le pénis. L'organe ne crée pas forcément l'état et réciproquement.

A vous entendre, on a l'impression que c'est la fin des hommes, qu'il n'y a plus de différence entre les sexes.

— Il faut arrêter de penser en termes de sexe. Il y a une redistribution à opérer. Il faut penser en termes de sensibilité.

De même que les femmes ont été obligées d'intégrer leur masculin, les hommes sont-ils obligés aujourd'hui d'intégrer leur féminin ?

— Tout à fait.

Est-ce à cela que les renvoient leurs échecs ?

— Oui, mais pas seulement. Les hommes sont aussi obligés d'intégrer leur masculin. Il ne faut pas oublier qu'un certain nombre de jeunes hommes qui ont aujourd'hui trente ou trente-cinq ans ont eu des mères féministes. Et qu'ils se sont fait souvent castrer copieusement par elles. Quand je travaille en analyse avec un homme, c'est sur son masculin.

Qu'ont fait ces mères à leurs fils ?

— Toutes des salopes (*rires*) ! Elles ont accentué le féminin de ces petits garçons-là, et ces hommes n'arrivent plus à se retrouver dans le principe du masculin, surtout quand ils sont face à des femmes. Cela donne de grandes détresses et de grandes souffrances, particulièrement en couple. Voire des absences de sexualité totales. Un certain nombre d'hommes ont complètement renoncé à leur sexualité. J'en suis effrayé.

Pourquoi exactement ont-ils renoncé ?

— La peur réelle du « râteau » et la peur imaginaire de l'idée du « râteau ». La lassitude face à un combat qu'ils imaginent perdu d'avance.

Les femmes aujourd'hui feraient-elles peur aux hommes ?

— Oui, parfois. Les hommes parlent souvent du regard et de la demande des femmes dans la sexualité. De l'insistance des femmes. Il y a un retournement des rôles. De manière archétypale, on pourrait dire qu'auparavant les femmes ouvraient la relation et qu'ensuite les hommes agissaient. Là, on voit très nettement et clairement des femmes qui à la fois ouvrent et agissent. Un grand nombre de mes patients sont pétrifiés par la violence des femmes, souvent d'abord au niveau de leur demande, ensuite lors de ce que j'appelle gentiment « le syndrome du lendemain matin ». Avant, c'était : « Alors heureuse ? » Aujourd'hui, c'est la notation comme au patin à glace, 2 en note technique et 3 en note artistique. Les hommes ne sortent jamais bien de ce genre d'aventure. Et je vois cela souvent. C'est pour eux un grand traumatisme. « Alors heureuse ? », la question ne se pose même plus, ils attendent le verdict. Le couperet va tomber.

Et pourtant, c'est la même question !

— Sauf que dans le « Alors heureuse ? », il y a quelque chose de paternaliste et de supérieur. En revanche, quand le couperet tombe, les hommes y laissent leur pénis.

Vous pouvez me donner un exemple ?

— Beaucoup d'hommes aujourd'hui ont du mal à rencontrer des femmes émotionnellement. Au cours du travail d'analyse, le psychanalyste facilite cette rencontre, soutient narcissiquement son patient pour qu'il y parvienne. Et il arrive assez fréquemment ensuite qu'il se fasse ramasser le lendemain matin. Du genre : « C'est ça, rhabille-toi, on te téléphonera. » Je le présente de manière un peu caricaturale, mais c'est quelque chose de cet ordre. Je constate par la suite des bouffées dépressives chez ces hommes rien qu'à l'idée d'une rencontre. C'est alors un traumatisme sur un autre traumatisme. Je ne peux pas présumer de leur valeur érotique, il n'empêche qu'il y a une violence aujourd'hui dans les paroles des femmes sur leurs capacités sexuelles.

Comment comprenez-vous cette violence de la part des femmes ?

— Aussi loin que je puisse en juger, j'aurais tendance à dire qu'il s'agit d'un vieux règlement de comptes transgénérationnel à l'égard de leur mère et de leur grand-mère. C'est le premier élément. D'autre part, pour la plupart des filles jeunes, la jouissance est devenue un dû.

Selon les stéréotypes en vigueur aujourd'hui ?

— Tout à fait. L'orgasme est devenu obligatoire. Un certain nombre de femmes assez jeunes vont faire porter la responsabilité de leur propre inexpérience à leur jeune partenaire. Eux devraient savoir. Globalement, on « baise » naturellement et on apprend à faire l'amour. Elles n'ont pas fait cet apprentissage et vont en rendre l'autre responsable de manière très agressive avec des arguments venus de la génération précédente, féministe. Et elles vont castrer les hommes au lieu d'accomplir elles-mêmes ce chemin. Du côté des hommes, il y a de la casse. Du côté des femmes aussi.

Quel type de casse ?

— Une grande majorité des hommes qui me consultent sont célibataires. Et il y a deux types de célibataires, ceux qui l'ont toujours été et ceux qui le sont devenus. Et ceux qui le sont devenus après l'échec de leur couple sont en très très mauvais état parce que généralement ils chutent en tant qu'hommes, ils chutent en tant que maris, il chutent en tant que pères.

Votre vision des hommes aujourd'hui n'est pas très optimiste...

— Si, elle est optimiste parce que, de toutes les façons, le système d'hier ne tenait plus, personne n'y était heureux. Il était basé sur une injustice fondamentale qui avait auparavant des raisons historiques, économiques et religieuses. Dans les sociétés tribales, archaïques, les hommes étaient chasseurs, pêcheurs. La force musculaire leur donnait une supériorité. Dans les caravanes, les femmes portaient les fardeaux pour que les hommes gardent les mains libres. Ainsi, s'ils étaient attaqués, ils pouvaient se défendre. On a établi un code moral basé sur ces pratiques, la femme marchant derrière et les hommes devant car ils allaient au combat. Le rapport musculaire avait alors une importance. Aujourd'hui, rien ne justifie plus ces lois. Je parle uniquement de l'Occident parce que, en Orient, les hommes sont encore sur les rails du système ancien, et cela se justifie. Là-bas, il n'y a aucune crise apparente du masculin. Ou pas encore.

Sans citer de nom, quel est le dernier témoignage d'homme dans votre cabinet qui vous a marqué ?

— C'était une parole d'inceste de la part d'un homme. Il avait vécu l'inceste par sa mère et ne pouvait pas en parler. On parle beaucoup dans les médias de l'inceste féminin, jamais de l'inceste masculin. Ce sont des incestes sans violence, en tout cas ceux que j'ai rencontrés. C'est un long chemin pour ces hommes de retrouver leur masculin. C'est une position de souffrance extrême. Les paroles des hommes auxquelles je pense sont des paroles très émouvantes.

Comment retrouver son « masculin » tout en parlant de la fin du « masculin » ?

— Je ne dis pas que c'est la fin du masculin, je dis que c'est la fin du rail masculin, ce système établi où les muscles et le pénis donnaient d'office une supériorité sur la femme. Maintenant les hommes ont à se prouver que leur masculin tient debout pour leur propre compte et pas seulement en face des femmes. Certains, par réaction, se réfugient dans les stéréotypes du passé. Il y a depuis longtemps des mouvements antiféministes, mais dernièrement ils se sont radicalisés. Certains jeunes gens disent clairement qu'il faut interdire l'accès du travail aux femmes pour régler le problème du chômage. En fait, ils parlent de leur difficulté à entrer en compétition avec les femmes. Et ils ne sont pas forcément inscrits au Front national.

La crise que traversent les hommes aujourd'hui est-elle de même nature que celle traversée auparavant par les femmes ?

— Non.

Quelle est la différence ?

— La culpabilité inconsciente des hommes. Ils ont également à se battre contre la vengeance inconsciente des femmes.

Vous avez aussi des femmes en analyse. Que vous disent-elles des hommes ?

— J'entends de la part des femmes un discours très dépressif sur les hommes. Les hommes, disent-elles, il n'y en a plus.

Des femmes vous racontent-elles par exemple avoir mis des notes à leur amant le lendemain matin ?

— J'en rencontre.

Comment réagissez-vous en tant qu'analyste lorsqu'une femme parle ainsi d'un homme ?

— Cela fait partie de la cure. Elle me dit alors quelque chose d'elle-même et de son histoire. Je le remets dans ce contexte social.

En général, c'est un règlement de comptes ?

— Oui, qui renvoie au transgénérationnel. A toutes les femmes de la lignée. On peut remonter à quatre, cinq, six générations de femmes qui ont terriblement souffert de ce statut.

Et du côté des hommes ?

— Les hommes aussi ont besoin de travailler le transgénérationnel pour se comprendre. Avec eux, on rencontre souvent la douleur des femmes de leur lignée. Cela est difficile à vivre pour les jeunes.

De comprendre que sa mère ou sa grand-mère ont souffert des hommes ?

— Oui, c'est un peu la problématique des fils de bourreau. Ou des fils de victime.

Comment cela évolue-t-il ?

— Les rapports entre les hommes et les femmes évoluent. Les paroles ne sont plus tout à fait les mêmes. La supériorité des hommes n'est plus tout à fait une évidence, de même que l'infériorité des femmes. Par ailleurs, la supériorité des femmes n'est pas non plus une évidence, de même que l'infériorité des hommes. Quand la prise de conscience se fait, on rencontre des êtres moins basiques, plus profonds.

Plus humains ?

— Oui, même si le jeu des apparences est par endroits toujours aussi virulent. Par exemple, dans l'entreprise, le machisme est encore de bon ton. Il y a des discours guerriers qui me sidèrent. Même si, émotionnellement, les hommes ont du mal à le supporter. Quand les hommes ont en eux une faille et sont obligés de tenir socialement un discours que j'appelle « dans les rails », il y a une vraie discordance qui va leur faire vivre des positions presque schizophréniques entre leur vie personnelle et leur vie professionnelle.

Comment vivre son masculin aujourd'hui ?

— C'est un vrai travail de création. On a joué socialement le masculin-masculin et le féminin-féminin. Maintenant on se rend compte qu'il y a du masculin-féminin et du féminin-masculin, possibles. On est passé de couleurs binaires, du blanc au noir à toutes les couleurs de l'arc-en-ciel. Ce qui va être beau, c'est ce superbe tableau que l'on va brosser à la génération d'après où il y aura vraiment beaucoup de couleurs.

Qu'est-ce qui reste du masculin quand on en a enlevé les rails ?

— Tous les hommes qui tiennent debout. De même qu'il y a un éternel féminin, il y a un éternel masculin.

C'est quoi l'éternel masculin ?

— C'est aux femmes de le rencontrer dans l'amour. Autant une femme est faite de l'amour d'un homme, autant un homme est fait de l'amour d'une femme. C'est dans cette rencontre que l'on se forge. Dans cette nouvelle palette de couleurs on va trouver chez l'autre partenaire un bout d'elle, et un bout de nous, elle va trouver un bout de nous et un bout d'elle et c'est dans cet échange-là que vont nous pousser à tous des ailes, et qu'on va décoller. Cette révélation ne peut se produire que par la rencontre du masculin et du féminin, dans la conjugaison des sexes.

Quelle relation entre le masculin aujourd'hui et le spirituel ?

— Le matérialisme sous toutes ses formes mettait l'homme dans une position de producteur à la fois de sperme, de rencontres, d'argent et de pouvoir. Tout ce qui est de l'ordre de la possession aujourd'hui ne peut plus se maintenir dans la durée. Il faut regarder la durée de vie des couples. Il y a très peu de chance aujourd'hui qu'une rencontre, même merveilleuse, amène les deux partenaires jusqu'au bout de la vie. Il devient nécessaire d'adopter une nouvelle vision du monde. Ce qui est très angoissant dans cette précarité est en même temps extrêmement fort si on veut bien le prendre dans une logique de spiritualité, car cela rend ces rencontres fragiles donc extrêmement précieuses. Plus on aura le sentiment de la fragilité des rapports entre les hommes et les femmes, plus on bénéficiera de cette grâce et de cette écoute. Bien entendu, pour y arriver il faut être soigné de ses blessures.

Un conseil destiné aux femmes ?

— Accueillir les hommes. Les hommes, dans le domaine sexuel, sont des petites choses fragiles qu'il faut protéger, mais surtout sans le leur dire. C'est en acceptant leurs faiblesses que les hommes deviennent forts. C'est cette acceptation de la faille qui rend les hommes de plus en plus solides. Des femmes vraiment accueillantes, qui savent en même temps ouvrir leur tête, leur cœur et leurs cuisses, c'est assez rare. Nous avons vraiment besoin les uns des autres ! Le charnel est un chemin vers la spiritualité. Bien faire l'amour, c'est toucher au spirituel.

FRANCO LA CECLA

« Je cherchais un mariage pour l'éternité. »

Il parle avec un léger accent italien. Franco La Cecla est européen dans l'âme. Il fait la navette régulièrement entre Paris et Bologne où il est professeur d'anthropologie à l'université. Il me reçoit dans un studio du 18ᵉ arrondissement qui pourrait ressembler à celui d'un éternel étudiant. Au mur, des souvenirs de ses nombreux voyages autour du monde ; par terre, un matelas. Dans un coin de la pièce, un bureau encombré de divers papiers et, bien sûr, partout des livres. Franco a publié plusieurs essais dont Ce qui fait un homme *(Liena Levi) et, plus récemment,* Je te quitte, moi non plus *(Calmann-Lévy). Il a cinquante ans mais ne paraît pas son âge, il a un regard bleu attentif et étonné, la peau claire et les cheveux blonds.*

J'ai cinquante ans, je ne suis pas marié, je n'ai pas d'enfant. C'est la conséquence d'une certaine manière de vivre. C'est aussi en réaction à mes parents. Leur modèle était désastreux, je n'avais pas envie de le suivre. J'ai vécu plusieurs fois avec des femmes. Des histoires importantes, mais qui se sont un jour terminées.

Peut-être parce que j'ai une formation catholique à laquelle je crois, j'idéalise le mariage. L'idéal chrétien est un mariage où l'on partage tout, un mariage pour l'éternité. Du coup, la réalité n'était jamais à la hauteur de mes espérances. En réalité, je vivais l'enfer.

J'ai vécu des amours impossibles. J'ai aimé des femmes trop jeunes. Il n'y avait donc pas de raison de songer à se marier. Je pensais qu'elles ne le voulaient pas. J'ai vécu une histoire qui a duré quatre ans avec une fille qui habitait Rome. J'avais trente-sept ans, elle en avait dix-neuf. En fait, elle désirait se marier et je ne l'avais pas compris. C'est la raison pour laquelle nous avons rompu. Elle pensait que c'était moi qui ne le voulais pas. Elle était orgueilleuse, et jalouse aussi. C'était une femme que j'aimais.

Elle est partie sans rien dire et je l'ai cherchée pendant trois ans. Elle a longtemps refusé de me parler, n'a jamais voulu donner d'explications à son départ. Sa mère me l'a finalement expliqué, elle ne me l'avait jamais dit. C'était pour moi une tragédie. C'était une relation très forte, nous partagions beaucoup, mais il y avait aussi entre nous une compétition que, sur le moment, je ne comprenais pas.

Elle se sentait jugée par moi. C'était une fille très intelligente, très douée. Elle avait une maîtrise de philosophie des sciences, mais se refusait à faire un travail en lien avec sa passion. Elle préférait faire la baby-sitter ou travailler dans une boutique. C'était une idéaliste. Elle était de gauche et révolutionnaire. Elle était extrémiste, refusait d'être récupérée par le système. Elle faisait partie de la dernière vague des fils et des filles de soixante-huitards italiens. Une génération brûlée par l'idéologie de ses parents. Les siens étaient paysans. Elle avait étudié et elle avait une grande culture.

Elle avait aussi en elle beaucoup de violence. Un peu comme Betty Blue, l'héroïne du film de Jean-Jacques Beineix, *37°2 le matin.* Il y avait entre nous une passion physique forte, réciproque. Elle n'était pas souple. Elle faisait l'amour d'une manière dure, comme quelqu'un qui ne prendrait pas en compte le fait qu'un homme, lui, n'est pas forcément dur. Peut-être ne savait-elle pas que le pénis est un organe sensible et délicat. Les hommes, eux, le savent. Elle me faisait mal. Je le lui ai dit une fois, ce fut un désastre. C'était sa manière à elle de traiter les hommes. Quand j'ai finalement réussi à la joindre au téléphone, elle m'a dit qu'elle allait appeler la police.

Trois ans après notre séparation, elle s'est mariée. C'est là qu'elle a commencé à son tour à me chercher. Nous nous sommes revus et elle m'a dit qu'elle n'avait jamais cessé de m'aimer pendant toutes ces années. C'était terrible parce qu'elle avait un enfant et qu'elle faisait toujours le même travail de baby-sitter ou de vendeuse.

Avec l'absence, elle m'avait idéalisé. Pour elle, j'étais devenu une idole. Elle admirait mes livres et disait : « J'ai organisé un fan-club de toi. » Je me suis fâché. Un soir, nous avons dîné ensemble à Rome et j'ai pu enfin lui demander pourquoi elle m'avait quitté de cette manière. Elle m'a répondu : « Parce que tu pensais que j'avais du talent, que je devais en faire quelque chose, et moi, je ne le voulais pas. » Il y a du vrai. Le challenge avec moi était trop haut, je la poussais trop. Après notre rupture, elle avait dit à ses amies qu'avec moi elle avait été satisfaite au niveau sexuel mais frustrée à d'autres niveaux. Je ne l'acceptais pas telle qu'elle était.

Cette histoire est l'une des raisons pour lesquelles je ne me suis jamais marié. En tout, elle a occupé dix ans de ma vie pendant lesquels je n'arrivais pas à comprendre pourquoi une femme que j'aimais, qui m'aimait, avait disparu ainsi du jour au lendemain.

J'ai mis des années pour me justifier à mes propres yeux. J'ai toujours pensé que c'était elle, la femme de ma vie. Notre rencontre avait été un coup de foudre, il y avait quelque chose de très fort entre nous et il y avait de la folie en elle. Il y avait des orages, des furies. Que peut-être je déclenchais.

Après notre rupture, j'ai fait une énorme déprime. Il m'a fallu six ans pour me reconstruire. J'enseignais l'anthropologie à la faculté d'architecture de Venise. J'étais devenu un personnage public. Sur moi couraient beaucoup de rumeurs, de jalousies, de méchancetés. J'avais une vie dissipée, beaucoup d'étudiantes, et de nombreuses relations brèves. Je n'avais pas envie d'une relation sérieuse. J'étais déprimé, vraiment déprimé.

J'avais quarante-quatre ans. Je pensais que ma vie était finie. Même au niveau de mon énergie masculine. C'est la raison pour laquelle j'ai écrit mon livre sur les hommes. Personne ne nous dit jamais ce qui se passe pour nous à partir d'un certain âge. Je pensais que les médecins avaient raison, qu'après l'andropause, tout était fini. Je pensais avoir raté l'occasion de ma vie. L'amour pour moi avait été un échec.

J'ai décidé d'aller voir un psychanalyste, j'ai pris rendez-vous pour la fin de l'été. Entre-temps, je suis parti pour les Etats-Unis. Des amis m'avaient laissé leur appartement à San Francisco. Je suis resté un mois et demi seul, totalement seul. Je ne parlais à personne. J'étais devenu muet. J'ai commencé à lire des poètes. Le Polonais Czeslaw Milosz (prix Nobel de littérature 1980) par exemple, dont le livre se trouvait sur ma table de chevet. C'est la première personne chez qui j'ai entendu parler du changement d'âge chez un homme. Il m'a aidé à comprendre ce que j'avais à faire, ce qui nous permet de survivre. Ce n'était pas vrai qu'après quarante ans la vie est finie. Au contraire, venait le temps pour moi de faire des projets, de réaliser mes rêves, de construire. Ma prise de conscience s'est produite sur un plan physique. J'avais perdu mon moi idéal. Il me fallait reconstruire une image de moi-même. Je ne me voyais plus comme un saint, j'étais tombé de mon piédestal.

Le travail de toute ma vie a été d'essayer de comprendre qui j'étais vraiment. Et de savoir, de l'extérieur, quelle image je donnais aux autres. J'ai toujours eu du mal à me reconnaître sur les photos ou dans une glace ; cela me gênait. Quand je me promenais et que je passais devant un miroir, je ne me reconnaissais pas.

A San Francisco, j'ai fait tout un travail sur mon image. Je me regardais dans un miroir puis j'allais feuilleter les livres et regarder les films des années 30, pour y trouver des hommes adultes. J'en avais fini avec l'éternel adolescent. Il me fallait du nouveau. L'évolution physique de Sean Connery, l'acteur écossais, m'a fasciné. Il était devenu un homme mûr.

J'étais à la recherche d'un modèle. C'était une quête personnelle. Mon père était un homme des années 30. Il ressemblait à Cary Grant avec ses petites moustaches jaunies. C'était un homme difficile, qui ne parlait pas, qui s'était marié avec une femme dans les nuages avec qui il n'avait pas de communication véritable. Il était très sévère avec nous, avec lui-même, et il avait une autre famille cachée. C'est un homme que j'ai beaucoup aimé et avec qui je me suis beaucoup disputé. Il incarnait l'autorité. Mon père exerçait la profession de juge. Moi, j'étais un soixante-huitard. J'étais pour lui un affront permanent. Quel scandale pour lui d'avoir un fils qui faisait de la politique et organisait des manifestations ! Il m'a frappé jusqu'à l'âge de vingt ans. Il m'a toujours dit que j'allais rater ma vie. Il est mort quand j'avais vingt-sept ans. J'écrivais déjà. J'avais du succès mais il ne comprenait pas que je puisse emprunter une autre route que la sienne. C'est seulement dans les deux dernières années de sa vie qu'il a commencé à me dire : « Ce que tu fais, c'est bien. »

Pendant ces six années, je souffris beaucoup. Je n'arrivais pas à regarder les femmes sans rage. J'étais furieux contre elles. Ces relations entre les femmes et les hommes étaient basées sur le pouvoir. C'était de l'arnaque. Dès que j'admirais une femme, qu'elle me plaisait, un rapport de force s'amorçait, un jeu dangereux, où il y avait toujours la guerre. Je risquais d'être rejeté. Je ne m'en sentais plus capable. Je pensais être vieux, que personne n'aurait jamais plus envie de moi. Et pourtant j'aimais les femmes, j'admirais leur beauté.

J'ai décidé de m'entraîner. Dans le métro, je me suis exercé avec timidité à regarder les femmes, et, au bout de vingt jours, j'ai commencé à avoir un autre type de regard. C'était une manière de me désintoxiquer. Les toxines sortaient. Un jour, alors que je regardais une femme dans le métro, elle m'a souri et m'a suivi jusque chez moi. J'étais terrorisé. Nous avions juste échangé un sourire, nous ne nous étions même pas parlé. Peut-être attendait-elle que je le fasse. Je ne l'ai pas fait. J'étais étonné et bouleversé. J'ai pris conscience qu'un regard provoque celui de l'autre. Il ne permet pas seulement de voir, c'est aussi un appel. Regarder, c'est envoyer un message. C'est bête, mais je l'avais oublié. Ce fut le début de ma convalescence.

Cet événement m'a permis de me réconcilier enfin avec les femmes. J'ai recommencé à avoir des rêves, des projets. La vie reprenait ses droits. Une partie en avait été gâchée, l'autre restait. Il me fallait désormais apprendre à vivre de la meilleure manière possible. A ne pas pleurer sur le passé. Milosz m'y a aidé. Il a toujours pensé qu'il avait des choses à réaliser, qu'il était un grand poète, qu'il devait être reconnu. C'était une sage ambition. Je me suis dit que moi aussi je pouvais agir pour être mieux reconnu et ne pas être l'éternelle victime du système universitaire. Je suis indiscipliné, je n'obéis pas, je n'ai pas de maître. On avait essayé de me renvoyer deux fois.

J'ai commencé à rêver d'avoir une autre histoire d'amour. J'avais rencontré à Paris une fille qui était danseuse. Elle s'appelait Caroline. J'avais quarante-cinq ans, elle en avait vingt. C'était un autre amour impossible parce que cette femme était trop jeune, trop belle et aimée de quelqu'un d'autre. Quand je suis rentré en Italie, je suis pourtant allé la chercher. Elle vivait au bord du lac Majeur. Et là, il s'est passé quelque chose d'incroyable. Elle a accepté de me suivre à Paris. C'était un changement radical. On se comprenait, il y avait entre nous beaucoup d'échanges à tous les niveaux, culturels et passionnels. Sexuellement avec elle, cela se passait très bien. Sauf qu'au bout d'un moment elle est devenue systématique. Pour elle, il y avait un moment précis pour faire l'amour. Or, la relation sexuelle, on ne peut la prévoir à l'avance. On fait l'amour quand on a du désir, pas quand on a du temps libre. C'est avec elle que pour la première fois j'ai eu des problèmes d'érection. Nous faisions l'amour, elle voulait continuer. Je n'y arrivais pas. C'était trop automatique. Comme si je pouvais commander mon érection. Du coup, j'étais triste. Je me disais : « Ce n'est pas la peine qu'elle reste avec moi. Elle a besoin d'un homme beaucoup plus jeune qui peut lui faire l'amour dix fois par jour. »

Elle introduisait la notion de performance masculine dans notre couple. Elle me disait : « Pourquoi ne me prends-tu pas comme si j'étais une inconnue ? » J'étais sa première expérience de longue durée avec un homme et elle avait des mythes plein la tête.

La première année avait été formidable. J'étais timide, elle était timide, nous nous sommes découverts. La deuxième année, nous avons commencé à vivre ensemble. J'ai eu des problèmes d'érection au bout d'à peu près six mois. Je me sentais fautif.

Notre relation s'était transformée en relation conjugale sans l'être vraiment. Je savais bien qu'elle allait partir. C'était une bombe à retardement. D'un autre côté, elle voulait une vie régulière avec moi. C'était difficile à gérer, j'étais angoissé. J'ai été triste que ce soit fini mais aussi soulagé. C'était une libération.

L'histoire s'est terminée parce qu'elle était trop jeune et que ses parents n'étaient pas d'accord. Elle venait d'une famille petite-bourgeoise d'un petit village en Italie. Ses parents pensaient qu'elle vivait chez moi pour faire des économies. J'aurais bien voulu que la situation soit plus claire. Au bout de deux ans, elle a décidé de leur en parler. Et ils l'ont convaincue d'épouser le patron de l'usine de la ville. C'était le désir de ses parents, pas le sien. Elle ne l'a pas assumé. Un jour, elle est venue me voir clandestinement à Paris et m'a dit qu'elle avait été beaucoup plus heureuse avec moi, que son mari était la copie de son père, qu'il l'empêchait de vivre, qu'elle ne pouvait pas sortir et qu'elle voulait continuer à me voir.

Elle pensait qu'avec moi il n'y avait pas d'avenir possible. C'est une histoire encore plus tragi-comique que l'autre. Elle aura duré deux ans.

Après son départ, je me suis dis : « Qu'est-ce que je fais ? Une autre déprime ? » Elle m'a appelé de chez elle en Italie pour me dire : « J'ai envie d'une aventure avec un autre homme, mais ce n'est pas sérieux. » Je lui ai répondu : « C'est à moi que tu le dis ! Va te faire foutre ! » Je lui ai raccroché au nez et je suis parti au Viêtnam pendant deux mois. Cela m'a libéré.

C'était un autre voyage seul. Une manière de me dire qu'il y a d'autres choses dans la vie. Quand je suis revenu, j'ai dû affronter la question de mon impuissance. J'ai commencé à étudier tous les traités de médecine. Je me suis demandé ce qu'était réellement la libido. J'ai cherché et j'ai compris qu'il s'agissait d'une création folle du système médical. Un chantage. Au niveau physiologique, il n'y a aucune raison pour que l'âge soit à l'origine des chutes de libido. L'homme bande moins mais à peine. Seule vraie différence : il n'a plus la même façon de s'exciter qu'à vingt ans. C'est lui qui décide. La tête mène la danse, davantage que le pénis. Entre hommes, on n'en parle jamais. En vérité, les hommes parlent aux femmes, jamais aux hommes. Quand j'ai eu ce problème d'érection, je n'avais aucun ami à qui me confier. Le sujet est tabou. Cela a été mon principal problème avec la masculinité. J'ai vraiment dû tout faire tout seul. J'avais pourtant beaucoup d'amis. Tout était implicite, rien n'était explicite.

Dès qu'ils sont mariés, les amis arrêtent de parler de leur vie intime sauf s'ils ont des problèmes. Et du jour au lendemain, c'est à moi que l'on a commencé à demander des conseils. Je suis devenu la seule personne à qui ils pouvaient parler. Je n'étais pas marié, mes histoires d'amour étaient tragiques. J'ai compris qu'il s'était passé quelque chose d'important : j'avais su garder le désir. J'étais le témoignage vivant qu'après quarante ans l'homme continue d'avoir une activité sensuelle. Mes amis me disaient : « Tu as choisi un style de vie. » Je n'avais jamais choisi de ne pas me marier, de ne pas avoir d'enfants, mais c'est vrai que, dans ma vie, j'avais toujours classé l'authenticité au premier plan et que j'étais convaincu de l'importance de la passion. J'avais fait ce choix plutôt que celui d'une situation conventionnelle. Je suis en train de finir un livre sur les ruptures. Il m'a fallu écrire ce livre pour comprendre comment j'avais utilisé la rupture pour ne pas affronter la hiérarchie des valeurs dans ma vie. Je suis tellement romantique ! Et aussi tellement naïf de penser que vivre avec une femme, c'est garder toujours la même passion !

Depuis, j'ai eu une histoire importante à Palerme, en Sicile, avec une femme architecte de trente-trois ans à la tête d'une entreprise familiale, mais elle a beaucoup de problèmes. C'est une femme qui cache sa sexualité. Elle n'a pas envie de s'afficher avec un homme. Avec elle, j'ai toujours fait l'amour en voiture, dans des lieux presque publics. Elle n'a pas un « chez soi ». Elle vit avec sa mère dans une grande maison de l'aristocratie sicilienne. Elle s'occupe du patrimoine de sa famille, de biens hypothéqués. J'ai avec elle une relation presque clandestine.

Elle n'a pas envie de s'avouer qu'elle est tombée amoureuse. Question d'indépendance. Son père est mort, elle s'est substituée à lui. Elle a un côté masculin prononcé. Et son père était un homme qui n'était jamais de sa vie tombé amoureux. Elle s'identifie à lui, il est son modèle.

Les relations impossibles, je connais. Je déteste les situations normales. Je déteste la bourgeoisie. Je choisis toujours des femmes en marge. Notre mission à nous, ex-soixante-huitards, c'est de trouver de nouveaux modèles qui permettent de s'aimer. Notre société nous pousse d'un côté à l'idéalisme absolu et, de l'autre, au matérialisme absolu. L'amour mais avec le patrimoine. D'ailleurs, la fin des histoires d'amour ressemble de plus en plus à un licenciement.

Aujourd'hui, je suis toujours amoureux de cette femme difficile, l'architecte. C'est une relation vraiment impossible. Je suis devenu beaucoup plus sage. Je ne m'en fais pas. Je sais maintenant que l'amour n'est pas une question de vie ou de mort. C'est une forme de sagesse qui m'apporte du bonheur. Aujourd'hui, quand je suis seul sans femme, je suis heureux. Avant, je me trouvais misérable. Je me disais : « C'est terrible, personne n'a envie de moi, je suis laid. » J'ai compris qu'il y a d'autres amours, d'autres passions. Lire me procure un plaisir physique de même que nager en Sicile. Nous sommes coincés dans cette idée du succès en amour. C'est triste. C'est devenu comme un travail. Un match qu'on doit gagner.

PAULE SALOMON

« Je vois arriver des hommes qui souffrent de leur gentillesse. »

Baskets argentées, toute de blanc vêtue, Paule Salomon me reçoit dans son pied-à-terre parisien. Elle définit elle-même sa démarche de thérapeute comme « à mi-chemin entre le sportif et le spirituel ». Comme le font de nombreux psychothérapeutes aujourd'hui, dans la lignée de Carl-Gustav Jung, elle utilise souvent dans son travail la philosophie bouddhiste ou la mythologie. Philosophe de formation, elle a principalement focalisé ses recherches sur les relations homme-femme ainsi que sur l'exploration de leurs identités féminine et masculine. Paule Salomon a écrit plusieurs ouvrages dont La Sainte Folie du couple *et* Les Hommes se transforment *aux éditions Albin Michel. Dans ce dernier, elle décrit les différents visages de l'évolution de l'homme d'aujourd'hui. Paule Salomon est mince, les cheveux coupés courts, de couleur blond platine. Mariée depuis quinze ans, elle est déjà également grand-mère d'une petite-fille. Rencontre avec une femme solaire et qui le revendique.*

Pensez-vous vraiment que les hommes sont en train de changer ?

— Oui, ce que l'on pourrait appeler une vague de « féminitude », d'ouverture, est en train de travailler le psychisme masculin. Jamais les hommes n'ont été autant sollicités pour s'ouvrir à leur sensibilité. Pendant des millénaires, ils étaient invités au contraire à la refouler. Il y a d'ailleurs un très joli conte à ce sujet : le conte du chevalier à l'armure rouillée.

Quel est-il ?

— Le chevalier à l'armure rouillée est cet homme qui, pour devenir un guerrier, va peu à peu cadenasser son armure. Un beau jour, il s'aperçoit qu'il est enfermé même quand il mange, même quand il fait l'amour, même quand il voudrait s'attendrir sur ses enfants. Il ne peut plus sortir de cette armure qu'il a construite pour aller au combat.

Ce conte, comment le comprenez-vous ?

— Aujourd'hui les combats prennent bien des formes : le combat pour gagner de l'argent, pour garder son travail, pour être performant. Ce durcissement-là a longtemps été à l'œuvre. Bien des hommes l'estiment encore nécessaire et bien des hommes, entre l'adolescence et la maturité, se laissent enfermer dans cette carapace et se retrouvent finalement dans l'incapacité de communiquer avec ceux qu'ils aiment.

Cette sensibilité nouvelle n'est-elle pas un frein pour ces hommes dans leur vie professionnelle et sociale ?

— C'est vrai, parmi ces hommes que j'appelle « lunaires » – par opposition aux héros solaires –, certains sont affaiblis. Ils vont par exemple se retrouver au chômage. D'autres vont se montrer très sensibles à une rupture sentimentale, à un deuil, à un licenciement. Dès qu'une grave difficulté remet en cause l'image qu'ils ont d'eux-mêmes, ils deviennent vulnérables. Or, si en termes de combat la vulnérabilité est un moins, en termes d'évolution, elle est un « plus ».

En quoi la vulnérabilité est-elle un « plus » ?

— Grâce à cette vulnérabilité, cet homme va s'ouvrir à une nouvelle sensibilité. A l'occasion d'une épreuve, beaucoup d'hommes qui auparavant ne s'étaient jamais posé de questions commencent à le faire, sur la mort, le sens de la vie. Ils pourront alors faire un travail sur eux-mêmes et retrouver une force d'affirmation, une façon de vivre leur vie beaucoup plus riche et intéressante qu'auparavant. Une façon d'être homme différente. C'est un bouleversement d'identité. Vivre ce creux peut préparer à une force nouvelle. Pour un homme, ce n'est qu'un passage, un type d'initiation. Souvent je donne l'image du dieu égyptien Osiris qui a été démembré. Il s'est affaibli pendant un certain temps avant de vivre l'étape suivante qui est celle de la résurrection. C'est ensuite un être beaucoup plus intéressant, un dieu bien meilleur, qui a pris une nouvelle dimension. Trop d'hommes aujourd'hui ne le savent pas et vont rester à patiner, coincés à la première étape. Et beaucoup de femmes aussi vont les y enfoncer. Un grand nombre d'entre elles sont encore dans la revanche. Face à cet homme qui s'affaisse, le mépris monte. Alors que, prévenues, elles seraient plus compréhensives.

Par quoi ces hommes sont-ils poussés à la transformation ?

— Toute blessure est l'occasion de fabriquer une perle. Autrefois il y avait beaucoup de refoulement. Si un homme entrait en dépression, il était purement et carrément éliminé de la scène. Il disparaissait, alors qu'aujourd'hui la prolifération de thérapeutes et de méthodes de thérapie donnent l'occasion aux hommes d'évoluer.

Qu'est-ce qui est en train de changer le plus dans le rapport des hommes aux femmes aujourd'hui ?

— Leur vision de l'amour, leur conception de l'approche de l'autre, et ce n'est qu'un début ! Sans vouloir être prophétique, dans les cinquante années à venir, on ne va pas cesser d'assister à une amplification du phénomène. Pendant longtemps, les hommes ont été des bêtes de sexe. La femme était le repos du guerrier. Les grandes conquêtes pour un homme étaient le territoire, l'argent et les femmes. Résultat : les femmes se plaignaient de relations sexuelles trop rapides, trop animales, pas assez raffinées, pas assez préparées, et d'un manque de communication. Aujourd'hui, c'est l'inverse. Les femmes prennent modèle sur le masculin d'autrefois et se comportent en conquérantes. Elles sont très sexuées, très attaquantes. Et ce sont les garçons qui ont du recul, de la sensibilité, et qui n'ont pas envie d'être considérés comme des objets sexuels. On assiste à un renversement des rôles.

Comment l'expliquez-vous ?

— Les cadres ont explosé, l'identité se remanie, les rôles se redistribuent. Pendant longtemps, les rôles étaient distribués de façon rigide. Si on était un homme, on était un dur. Si on était une femme, on était une douce. Aujourd'hui, le jeu du chat et de la souris n'a pas disparu, il s'est simplement inversé. Et toute la question est de savoir justement – la survie du couple est à ce prix – si nous pourrons dépasser ce jeu du chat et de la souris.

Autrefois la femme libérée faisait peur aux hommes. Et aujourd'hui ?

— Il y a un double mouvement. Les hommes ouverts à cette nouvelle sensibilité sont indéniablement fascinés par ces femmes en émergence. Ils acceptent même qu'elles soient tempétueuses, versatiles, autoritaires, pourvu qu'elles aient du caractère, de la personnalité et que l'on ne s'ennuie jamais avec elles. Un cran plus haut, ils vont apprécier de rencontrer des femmes qui ont retrouvé le sens de la vie et portent en elles une certaine sagesse. La sagesse de la femme intéresse beaucoup l'homme, elle est beaucoup plus érotique qu'on ne le croit. Les hommes sensibles cherchent des femmes qu'ils admirent.

Qu'en est-il des hommes qui gagnent moins ou réussissent moins bien professionnellement que leur compagne ?

— Je crois qu'ils le subissent. Comme ils subissent leur creux, leur aspect dépressif et non combatif. Pour sauver les apparences souvent ils vont rouler des mécaniques et dire « j'en profite ». Ils vont se laisser faire car ils ne peuvent pas faire autrement. Il ne s'agit ni de paresse ni de profit mais d'impuissance, et c'est beaucoup plus grave parce que cette impuissance va très rapidement se matérialiser aussi en impuissance sexuelle. Il ne s'agit pas d'une impuissance pathologique mais d'un désir moindre de faire l'amour.

Pourquoi cette baisse de désir ?

— Parce que l'image de soi est dévalorisée. On ne dit jamais assez à quel point l'érotisme en nous et le désir sont couplés à l'image de soi. Quand l'image de soi est améliorée, l'intensité de vie et de partage est bien plus grande. Un homme qui dégringole socialement va souffrir d'un complexe. Il le cache soigneusement, et parfois il se ment même à lui-même, mais au bout du compte vous trouverez toujours à ce niveau-là une problématique de l'image de soi qui va se répercuter dans différents domaines, dont la sexualité.

L'homme n'a-t-il pas d'autres manières d'exprimer sa virilité et sa masculinité que la réussite sociale ?

— Oui bien sûr, heureusement. Dans ce cas, c'est un

choix. Un chef d'entreprise peut avoir un côté artiste et, à un moment de sa vie, choisir de se placer un peu en retrait, dans le conseil de surveillance par exemple. Pendant ce temps, il va se mettre à la peinture ou faire un travail sur lui-même. Ce qui ne l'empêchera pas l'année suivante ou deux ans plus tard de reprendre une activité pleine.

Ne peut-on pas imaginer un homme qui fait le choix de rester au foyer et de garder les enfants ?

— Si, cela peut être vécu assez positivement dans la mesure où l'homme prend vraiment beaucoup de plaisir à pouponner et à toucher l'enfant. Autrefois le guerrier ne pouvait pas le faire parce que cette vulnérabilité lui rappelait son interdit. Un homme ouvert à la tendresse va adorer cela et même l'amplifier avec l'impression de faire figure de pionnier. C'est aujourd'hui valorisant pour lui car il se montre en avance sur son temps.

Cela peut-il être pour un homme un choix définitif ?

— Je ne le crois pas. Souvent les réalités de la ménagère sont assez éprouvantes, et, au bout d'un moment, il se sent englouti. Au même titre que la femme. Et je pense qu'il n'est pas toujours bon qu'un homme y reste trop longtemps. Plus d'un an ou deux, cela le marginalise. Et toute marginalisation est une perte de substance.

Hommes comme femmes sont donc aujourd'hui condamnés à vivre à la fois leur masculinité et leur féminité.

— Je ne dirais pas qu'ils sont « condamnés », je dirais qu'ils ont cette « chance ». Un créateur est un être capable d'équilibrer ses polarités masculine et féminine. Je pense à Colette, ou à Alfred de Vigny qui était dans l'armée et qui, pour équilibrer son côté rigide, écrivait des poèmes passionnés.

Concrètement, équilibrer ses côtés masculin et féminin, en quoi cela consiste-t-il ?

— C'est à la fois vivre le côté actif, efficace, organisé mais aussi le côté réceptif c'est-à-dire poétique, vaste, à l'écoute. C'est être capable de prendre du temps avec soi-même mais aussi de prendre soin des autres. Sur le plan collectif aujourd'hui, ces fameux journaux masculins qui se multiplient ne sont pas très ouverts sur le plan psychique, mais par contre ils emmènent leurs lecteurs sur le plan du corps. C'est un début. Je ne connais personne qui s'intéresse à son corps sans y avoir trouvé un peu de sagesse.

Jusqu'à présent c'était la femme qui, en cas de divorce, prenait la décision de partir. Maintenant, on dirait que les hommes s'y mettent aussi. Qu'en pensez-vous ?

— Autour de moi, dans mes séminaires, c'est en effet maintenant moitié-moitié. Beaucoup plus d'hommes qu'auparavant prennent l'initiative du divorce. De leur côté, les femmes aujourd'hui se posent plus de questions avant de quitter leur homme qu'elles ne le faisaient il y a quelques années. Et puis il y a des hommes qui prennent conscience que la vie est courte, que la vie a besoin d'avoir un sens, et quand ils ne sont plus amoureux, qu'ils n'ont plus de désir pour leur femme, ils ne s'en accommodent plus comme avant quand ils restaient en couple au nom de la loi sociale. Ils se retrouvent parfois à quarante, quarante-cinq ans, comme de jeunes hommes avec le désir de ne pas rater leur vie et de retrouver un nouvel amour auquel ils croient.

Ces hommes ont-ils une nouvelle conception de l'amour ?

— L'amour aujourd'hui est une valeur refuge. Comme sur le plan spirituel, beaucoup ne sont plus croyants, l'amour est devenu d'une certaine façon l'équivalent d'une religion. Il *faut* réussir sa relation et il *faut* continuer à avoir du désir. Il y a un « il faut » derrière, une notion de devoir qui donne un sens à la vie. C'est un piège. Plus un homme devient autonome, plus son masculin et son féminin se marient, plus il devient exigeant vis-à-vis de son futur conjoint. Les personnes qu'il rencontre ensuite ne sont jamais assez bien, ne remplissent jamais assez l'espoir démesuré posé sur la relation. Un amour vécu au quotidien n'a pas toujours les grandioses accents du spirituel et de la passion. Je vois beaucoup d'hommes célibataires qui ont fait cette démarche psychologique, ou spirituelle, qui ont une liberté, qui sont des gens superbes mais qui n'arrivent pas à nouer une relation durable.

N'est-ce pas aussi parce que, matériellement, l'autre n'est plus, comme c'était le cas auparavant, une nécessité ?

— Effectivement on peut aujourd'hui s'en passer. C'est cela le piège. Finalement on est plutôt mieux seul qu'avec les autres. Et en même temps ces personnes ont l'impression de passer à côté de quelque chose de fondamental. Vous ne trouverez pas une seule personne autonome qui puisse affirmer ne pas avoir besoin de rencontrer quelqu'un.

Quelles sont les nouvelles attentes des hommes d'aujourd'hui vis-à-vis d'une femme ?

— Aujourd'hui l'information sur la sexualité est telle que les hommes sont en grande souffrance dès qu'ils n'ont pas l'impression de vivre une sexualité épanouie.

Cette situation très courante se résolvait auparavant par l'infidélité. Les hommes allaient voir ailleurs. Qu'est-ce qui a changé ?

— La demande de ce que l'on pourrait appeler « le nouvel homme » est davantage un engagement de son cœur et de son sexe. Même avec une maîtresse, il a envie d'engager son cœur. Et même des hommes de soixante ans. Je connais un homme qui vit trois jours par semaine chez sa femme et trois jours chez sa maîtresse. Et il a des enfants, des petits-enfants. Il a gardé sa structure ancienne, il a de la considération pour son autre femme. Tout le monde sait. Les deux sont au courant. Ils vivent ouvertement la relation.

Est-ce de la bigamie ?
— Non, ce n'est pas de la bigamie, c'est aimer deux femmes. Le nouvel homme est prêt à aimer deux femmes plus qu'à avoir une femme et une maîtresse cachée. Aujourd'hui beaucoup d'hommes veulent être authentiques. Et cette valeur d'authenticité accompagne l'ouverture de cœur. Et cette nouvelle ouverture de cœur fait que leur comportement amoureux et sexuel n'est plus le même qu'auparavant.

C'est-à-dire ?
— Est-ce que j'accumule les conquêtes ou est-ce que j'approfondis l'amour avec une seule personne ? La grande tradition poétique nous vient des hommes. Les troubadours sont en majorité des hommes. C'est une réalité vivante de la psyché masculine qui s'est mise en sommeil dans le modèle patriarcal, mais ce côté authentiquement engagé dans les sentiments reprend de l'importance.

Quelle différence entre intégrer sa femme intérieure et se féminiser ?
— Intégrer sa femme intérieure, c'est choisir de la vivre consciemment. Si un homme se féminise, c'est qu'il subit sa dimension féminine inconsciente, ce que Jung

appelait l'*anima*. Ce féminin, s'il reste inconscient, agit souvent de façon négative. L'homme peut alors malgré lui être trop féminin, trop gentil, trop doux, trop mou. Je vois arriver des hommes qui souffrent de leur gentillesse. Ils sont très dépendants des femmes. Ils ont terriblement envie d'être aimés et d'avoir de la valeur à travers une femme qui a de la valeur. C'est ce que les Canadiens appelaient « les hommes roses ». Ce n'est pas ce que les femmes veulent ni ce que les hommes demandent, ce qui les fait bander, ce qui les rend heureux.

Qu'est-ce qui rend heureux les hommes ?

— Pour retrouver une nouvelle virilité, ils ont besoin d'entrer en contact avec leur féminité et leur douceur. Ils ont besoin de prendre confiance dans cette femme intérieure capable d'aimer et de soutenir l'homme qu'ils sont. Ce n'est plus de la vulnérabilité au sens de la faiblesse, c'est de la vulnérabilité au sens de l'ouverture. C'est retrouver sa force au sein même de comportements dits féminins.

Vous écrivez « tous les hommes mêmes les machos sont poussés vers l'exploration et l'expression de leur féminin ». Vraiment tous ?

— Ils y sont poussés par l'âge. Les hommes, au fur et à mesure qu'ils vieillissent, même et surtout s'ils étaient très machos ou très patriarcaux, vont à la fin de leur vie devenir sensibles. S'ils n'ont pas fait ce travail consciemment, cela peut devenir de la sensiblerie. Ils vont par exemple pleurer pour un oui ou pour un non. Si en revanche cette évolution est consciente, elle va donner à l'homme une dimension de sagesse et de douceur.

Comment expliquer qu'à l'inverse on assiste aussi, que ce soit dans les banlieues ou chez les fondamentalistes religieux, à un retour en arrière ?

— Cette vague de féminin travaille la planète partout. Pour moi, des hommes comme les talibans sont nés de la grande peur de cette vague de féminin en Occident.

Vous voulez dire que c'est une réaction ?

— Oui, et il y aura encore peut-être sur la planète d'autres réactions de ce type. Une vague de transformation peut soulever des choses positives ou négatives. Il ne faut pas l'oublier.

Vous dites que les nouveaux hommes feront bientôt passer les valeurs d'humanité avant les valeurs de consommation et d'accumulation, avez-vous un exemple ?

— Oui, j'en ai beaucoup. On ne connaît pas encore le visage de ce nouvel homme, on est tout juste en train de le voir apparaître. Il se construit morceau après morceau, un peu comme un puzzle. Il y a des hommes aujourd'hui qui décident par exemple que leur mode de vie sera de plus en plus simple. En fait ils se remplissent de l'intérieur, donc ils ont beaucoup moins besoin de se remplir de l'extérieur. Il s'agit d'une nouvelle relation entre l'avoir et l'être. Entre quantité et qualité. Ces hommes gardent beaucoup plus de temps aussi pour leur vie familiale. Ils ont beaucoup moins de temps pour consommer. Ils s'intéressent à des valeurs d'éducation, à l'écologie.

Qu'en est-il de la sexualité des hommes d'aujourd'hui ?

— Je suis interpellée par un refus sexuel qui se manifeste aujourd'hui pour la première fois. Autour de moi, beaucoup de femmes vivent des relations difficiles avec des hommes qui à la fois les aiment et se refusent sexuellement. C'est d'ailleurs si fréquent que je commence à tirer la sonnette d'alarme.

Pourquoi se refusent-ils sexuellement ?

— En général, parce que la femme est trop dominante. C'est un moyen de pression.

Est-ce une manière de reprendre le pouvoir ?

— Oui. Les femmes ont longtemps été des objets sexuels. On peut se demander dans quelle mesure elles n'ont pas tendance aujourd'hui à faire de même avec les hommes en les prenant comme objets sexuels sans vouloir engager leurs sentiments, grisées par leur propre puissance et leur propre pouvoir.

Quels sont les changements positifs concernant la sexualité ?

— Il y a des changements extrêmement positifs. Je vois beaucoup dans mes séminaires par exemple des hommes en train de résoudre un très vieux problème, celui de la dissymétrie sexuelle. La femme a toujours été considérée comme pouvant jouir à répétition, alors que l'homme, une fois l'éjaculation terminée, a besoin de se recharger. Les hommes découvrent qu'ils peuvent avoir des orgasmes sans éjaculer. A partir de là ils ont une jouissance aussi longue et profonde que leur femme.

Un homme peut donc avoir un orgasme sans éjaculer ?

— Oui, et surtout aussi son plaisir peut être très long. Généralement son orgasme ne dure pas. Là, il va y avoir une modulation qui ressemble à celle de la femme. Je vois cette découverte fleurir autour de moi et même dans mon couple. Pour la première fois, de façon collective, on peut parler d'une égalité sexuelle.

Est-ce une question de technique ?

— En fait, c'est lié à l'ouverture du cœur. C'est une maturation psychique. Certains n'ont jamais entendu parler de tantrisme et le pratiquent naturellement. Tout simplement, plus un homme va accepter d'ouvrir son cœur, plus son orgasme sera subtil. De même qu'une femme va pouvoir jouir parfois sans qu'on la touche, quand elle est en confiance.

Sans qu'on la touche ?
— Oui.

Par la pensée ?
— Pas seulement par la pensée.

Par le regard ?
— Par l'énergie que l'autre pose sur elle. Il y a beaucoup d'exemples. C'est inattendu pour nous car ces pratiques n'appartiennent pas à notre culture. Il ne s'agit pas d'une technique mais d'une ouverture globale de l'être.

A quoi ressembleraient selon vous les nouveaux héros des hommes de demain ?
— J'ai fait faire ce travail récemment à un groupe d'hommes. Il y avait beaucoup d'hommes de paix. Des figures comme Mandela, Martin Luther King, tous les hommes qui ont lutté pour plus de fraternité, plus d'égalité. Tous ceux qui luttent pour les valeurs des autres.

Quel conseil donneriez-vous aux hommes de demain ?
— Prendre conscience que passer par un creux est une étape importante que l'on pourrait qualifier d'initiatique. C'est l'occasion d'un renouvellement complet de sa manière d'être un homme.

Et aux femmes par rapport aux hommes ?
— Qu'elles aient un regard de patience, un peu comme dans l'histoire de Isis et Osiris où Isis aide Osiris à rassembler ses morceaux.

Que répondez-vous à ceux qui disent que les hommes sont une espèce en voie de disparition ?

— Les hommes ne sont évidemment pas en train de disparaître, ils sont en train de se créer une nouvelle identité, et c'est une chance sans précédent pour les femmes.

GHISLAIN DEVROEDE

« L'homme-objet existe pour les femmes d'aujourd'hui. »

Ghislain Devroede est professeur de chirurgie colorectale à l'université de Sherbrooke au Québec depuis plus de trente ans. Sa réputation est internationale. Grand, le regard vif, attentif et bienveillant, il a soixante-cinq ans et de l'énergie à revendre. Il fait régulièrement la navette entre l'Europe et le continent américain. Lorsque nous nous sommes rencontrés, il revenait d'un congrès sur la place du corps dans la psychothérapie. A la différence de la plupart des chirurgiens, il ne sépare pas, dans le traitement de la maladie, le traitement du corps du traitement de la psyché. Pour lui, une vision de l'être dans son entier, corps et âme, est indispensable à la guérison. Il a publié un livre intitulé Ce que les maux de ventre disent de notre passé *aux éditions Payot. Son curriculum vitæ est impressionnant. Non seulement par le nombre de ses diplômes, ses responsabilités, mais surtout par les innombrables stages et séminaires de développement personnel auxquels il a participé. Il s'est formé à l'hypnose et à la psychogénéalogie, a étudié le yi-king et le chamanisme, pour ne citer que quelques exemples. L'homme n'en finit pas d'apprendre à se connaître ni de se perfectionner. Il allie la rigueur d'esprit universitaire à une ouverture d'esprit à 180°. Ghislain Devroede a effectué par ailleurs plusieurs psychanalyses. Il s'est marié quatre fois et il est père de trois enfants. A soixante-cinq ans, Ghislain Devroede est un homme qui a les pieds sur terre et n'en finit pas de se chercher.*

Je n'aime pas être traité comme un homme-objet mais je l'ai été souvent. Je comprends donc fort bien que les femmes détestent cela. Longtemps ce furent les hommes, machos, qui considéraient les femmes comme de simples objets de désir et de possession. Féminisme aidant, certaines leur ont rendu la monnaie de leur pièce. Dans l'imaginaire général, l'homme-objet est celui avec qui l'on couche et que l'on vire le lendemain. C'est une vision superficielle, cutanée. Utiliser l'autre, de quelque manière que ce soit, c'est le traiter comme un objet.

Trois exemples me viennent à l'esprit.

Je les ai vécus avec des femmes avec qui je ne me suis pas marié. Première histoire : une femme me drague, je me laisse draguer. Elle me dit, tout au début de la relation : « Tu me combles. » Naïvement, je crois à une déclaration d'amour. En effet, après l'avoir comblée, j'ai été rejeté avec beaucoup de violence. Combler, rejeter, l'un va avec l'autre. Si l'un comble l'autre, c'est que l'autre a des carences. Et la sexualité devient un moyen de se faire prendre en charge. Rien à voir avec une rencontre globale à tous les niveaux, intellectuel, émotif, corporel sexuel et spirituel. L'amour n'est pas un instrument ; l'amour est un don. « Deux moitiés font un tout, affirme un proverbe américain, mais deux tout, c'est l'amour et la beauté. » Quand j'entends un homme dire : « Je vais chercher ma douce moitié », je me dis : « C'est un demi-homme qui est en face de moi. » Aujourd'hui, je sais que si je comblais une femme, je serais un « bouche-trou » et je risquerais à tout instant de me faire éjecter.

Deuxième histoire : une femme me dit au tout début de la relation : « Toi, tu es moi en homme. » A l'époque, je croyais qu'il s'agissait d'une relation d'égale à égal. En fait, c'était une pure projection. J'étais juste un miroir, je n'existais pas dans cette relation. J'étais seulement utilisé.

La troisième histoire est de bien meilleure qualité. Je suis invité à Buenos Aires, en Argentine. Un dîner est prévu pour les professeurs. Une place est vide à côté de moi. C'est le Dr Unetelle, me dit-on, qui va s'y asseoir. Quand je la vois arriver, j'arrête de respirer. Je la vois avant qu'elle ne me voie. Je comprends ce qui se passe plus vite qu'elle. La reconnaissance n'est pas simultanée. C'est pour moi un indice de la nature et la qualité de la relation. Si un homme et une femme se rencontrent et se plaisent, leurs pupilles se dilatent. Les corps se reconnaissent via le regard, et tout le reste en découle. Au premier instant d'une relation, tout est déjà inscrit. Après, il y a juste à découvrir ce qui est inscrit.

Elle s'assied à mes côtés. Nous ne mangeons ni l'un ni l'autre. Le coup de foudre. Ensuite, le président du congrès l'assigne pour faire des courses avec moi car je ne connais pas le pays. Les courses sont vite faites. Nous allons prendre un café. A un moment donné, elle me dit : « Excuse-moi, il faut que je parte. Si je reste je vais m'évanouir. » Elle s'en va. Et puis, le lendemain, elle revient vers moi au congrès. Elle était allée voir son psychanalyste qui lui avait dit : « Un homme qui ne dérange pas une femme ne vaut pas la peine. » Munie de cette bénédiction psychanalytico-parentale, elle m'a abordé. C'était la première fois, car jusque-là, c'est moi qui l'avais abordée.

Elle est venue vivre avec moi pendant un an. Elle a quitté Buenos Aires pour s'installer au Québec. Et elle est devenue très fière de pouvoir dire qu'elle m'avait fait perdre ma virginité. Avec elle, j'ai lâché prise. Je ne pouvais plus résister à l'intensité de la relation sexuelle.

C'était la première fois de ma vie. J'étais auparavant attentif à l'autre, je regardais, je percevais ses réactions, ses réticences, m'arrêtais, m'avançais. Je gardais le contrôle. Plus cette fois-ci.

Ce qui fait lâcher prise dans une relation sexuelle, c'est la confiance. Quand je n'ai pas confiance, mon inconscient se traduit dans mon corps, dans ce que je ressens. J'ai pu avoir peur de l'impuissance jusqu'à l'âge de trente ans. Si cela se produisait, j'étais terrifié, je me sentais inexistant. A partir du moment où j'ai réalisé toutes les émotions qui se cachaient derrière l'impuissance, elle ne m'a plus fait peur. Maintenant, si cette impuissance survient, elle me signifie que, quelque part, je n'ai pas envie. Mon corps sait parfois des choses que ma tête qui « a envie » ne sait pas.

Avec elle, non seulement c'était intense au niveau sexuel, mais le reste était là aussi. Elle était médecin, artiste, pédiatre, gastro-entérologue, première en tout. Je ne suis pas bête non plus. Les conversations, les émotions étaient d'une grande richesse. Elle me comprenait au quart de tour, je la comprenais au quart de tour, c'était une belle relation. Nous avons publié ensemble des textes remarquables. Je reste éternellement reconnaissant d'avoir pu vivre une telle relation, mais elle avait des crises de colère. Je suis tolérant vis-à-vis de la colère. Je ne confonds pas la colère avec la rupture, mais il y en avait trop. Vraiment trop. Nous n'étions pourtant plus des enfants. Elle avait environ quarante ans. Moi, cinquante-trois ans. Nous avions chacun un vécu.

Elle, de son côté, avait eu en tout plus de cinquante amants. Elle avait donc une certaine « pratique ». Je lui ai demandé : « Mais enfin, Isabelle, pourquoi as-tu quitté Rodrigo s'il te faisait comme tu le dis joliment " monter au ciel " ? » Elle a eu cette réponse stupéfiante : « J'avais fini par réaliser qu'il ne m'aimait pas. » Elle jouissait beaucoup mais elle ne se sentait pas aimée, et à cause de cela elle avait rompu. Faire le sexe et faire l'amour, ce n'est pas pareil. Faire l'amour, c'est relationnel ; faire le sexe, c'est prendre du plaisir. Quand les deux ont du plaisir, ça va, mais souvent l'un prend son plaisir et l'autre n'en a pas. Et elle m'a fait un très beau compliment en me disant, alors que cinquante hommes m'avaient précédé : « Toi, tu es mon premier vrai amant. » Je ne faisais pas que la « baiser », contrairement à beaucoup d'hommes.

Une fois, après une crise de colère, elle s'est accroupie devant le poêle de la maison où nous habitions. Elle trépignait comme une petite fille et gueulait comme un putois. Comme une enfant. C'en était trop ! Je lui ai dit de rentrer à Buenos Aires. Ce soir-là, elle était triste, et à cause de cette tristesse elle s'est approchée de moi, et nous avons eu une relation sexuelle qu'à ce jour je considère comme la plus intense et la plus déchaînée de ma vie. J'avais l'impression que ni elle ni moi n'avions de tête. Seuls nos corps faisaient l'amour. Il avait fallu que je rompe ma relation avec elle pour m'autoriser à me « dé-enchaîner », pour que je me détache d'elle, que je défusionne. Ce phénomène est très courant. Faire l'amour avec amour, peu de personnes y arrivent.

Elle rentre à Buenos Aires. Un mois plus tard, je reçois une lettre d'elle. Entre-temps, elle était retournée voir son psychanalyste. « Je te demande pardon, m'écrit-elle, car je réalise aujourd'hui que je me suis vengée de mes parents sur ton dos. Je me suis servie de toi comme d'un véritable punching-ball. » Cette lettre m'a beaucoup touché. Je ne suis pas rancunier. Je lui ai dit : « Est-ce que je peux venir à Noël, que l'on finisse notre histoire en beauté plutôt que sur une note d'amertume ? » Et j'ai donc pris l'avion pour Buenos Aires. C'est long, le trajet Montréal-Buenos Aires. Juste pour rompre, comme des adultes qui se respectent et qui s'aiment. Nous n'avons pas fait l'amour du tout durant ce séjour. C'était bien.

Tout ce qui était beau dans la relation était là. A la fin de ce séjour, je la vois encore se lever et détacher du mur le premier cadeau que je lui avais fait. Une marionnette, un objet d'art fabriqué au Québec que je lui avais apporté lors de mon premier voyage, et elle me dit : « Je te fais cadeau de ton cadeau. Et, s'il te plaît, arrête d'être une marionnette dont les femmes tirent les ficelles. » J'ai éclaté en sanglots. La marionnette, c'était moi. Par besoin d'amour, j'avais laissé les femmes me manipuler. J'ai pleuré, pleuré. Elle était quasi maternante, et, pour la première fois de ma vie, je me suis endormi dans les bras d'une femme, ce que je n'avais jamais fait. Elles dormaient toutes dans mes bras mais pas l'inverse. J'étais en confiance. Et, à ce jour, nous sommes restés des amis.

Quand j'étais son punching-ball et qu'elle déchaînait sa colère contre ses parents à travers moi, j'étais seulement pour elle un homme-objet. Au niveau psychique et émotionnel. La sexualité entre nous avait été un outil de communication, plus qu'un partage. Je n'ouvrais pas les yeux en faisant l'amour avec elle, jamais. De mon côté, je l'aimais et je l'aime encore, mais pas en relation de couple. C'est un bel être humain que je chéris encore aujourd'hui. Alors que dans les deux autres exemples que je donne, je n'existais pas, je suis resté un homme-objet. Avec elle, la relation s'est métamorphosée. Pour la première fois de ma vie, je me suis senti reconnu et pas seulement utilisé.

Les hommes ont souvent peur de s'impliquer. La relation, justement parce qu'elle est agréable, déclenche parfois chez l'homme l'angoisse d'être possédé, pris pour un objet, d'être le support des demandes et des projections. Ils prennent leurs jambes à leur cou plutôt que d'aller jusqu'au bout de la relation. Je dis souvent à mes étudiants que, à deux, on est toujours six. C'est ce que l'on appelle le transfert. Je projette mes parents sur vous, et vous projetez vos parents sur moi. Toujours, que ce soit à l'hôpital, en psychanalyse, ici dans votre salon ou dans une relation amicale, il en est toujours ainsi. Dans une relation mystique, et je n'en connais pas, il y a juste vous et moi. Il n'y a pas de projection, pas de transfert. Je n'en ai jamais vu ni vécu, mais c'est pour moi un idéal. Et je pense que je m'améliore.

Dans une relation merdique – pardonnez-moi l'expression, je suis chirurgien du côlon – il y a juste les transferts et les projections. Vous n'êtes pas là, je ne suis pas là. Je dis également à mes étudiants : « Plus il y a du transfert, pire c'est au lit. » Là, je vois dans leurs regards qu'ils réfléchissent. Si je débande ou si elle fait du vaginisme, il y a du « parent » dans l'air. Puisque c'est interdit avec sa maman ou avec son papa. Ce sont tous les interdits de l'ordre du transfert qui handicapent la sexualité. Le transfert ne se vit pas que sur le divan du psychanalyste.

Pour une raison que j'ignore, j'ai toujours amené mon âme avec mon pénis. Les femmes en étaient parfois elles-mêmes surprises. Elles pensaient parfois qu'il s'agissait juste d'une petite « couchette ». Cela, je ne l'ai jamais fait. Une fois, j'ai passé la nuit avec une femme sans éprouver grand plaisir, presque sans communication. C'était « plate » comme disent les Québécois. Je ne l'ai pas rappelée. Elle est revenue, je me suis laissé faire, et là, elle m'a planté en me disant : « Comme ça, on est quittes. » Elle avait rétabli l'équilibre. C'est la relation la plus brève que j'aie jamais eue. Deux fois. Une fois pour elle, une fois pour moi.

Je suis allé voir une prostituée une seule fois dans ma vie. C'était à Paris près de la Madeleine il y a fort longtemps. J'ai trouvé l'expérience sordide. Je n'ai pas eu de plaisir. Je voulais parler avec la fille et c'était la dernière chose qu'elle voulait faire. Elle ne voulait pas parler, pas communiquer, elle voulait que je fasse mon affaire. J'ai eu une éjaculation précoce. Elle m'a proposé de recommencer. Je n'en avais pas envie, vraiment pas. Je n'avais qu'une hâte, foutre le camp. Pas parce que je me sentais coupable ou que j'avais des remords ou quelque morale, non, c'était à cause d'un sentiment d'incommunication totale. Un pénis dans le trou et *that's it !* J'ai trouvé cela intolérable. C'est la seule fois de ma vie que je l'ai fait.

Malgré tout, moi aussi, sans l'avoir voulu, j'ai pu utiliser les femmes. Je n'ai jamais eu de scrupules à abandonner et à rompre. C'est beaucoup plus facile de rompre que d'être abandonné. Mais quand un homme rompt, le retour de bâton l'attend au tournant. Je l'ai appris à mes dépens. J'ai eu longtemps une façon d'agir qui consistait à abandonner une femme pour une autre après lui avoir fait un enfant, et au même moment, à entrer en thérapie car je savais confusément que j'avais une responsabilité dans l'échec de la relation. Ce n'était pas seulement la faute de l'autre, c'était aussi ma faute à moi. En hébreu, pécher signifie « manquer sa cible ». La cible ratée me conduisait à choisir ensuite une femme qui inconsciemment allait me rendre la pareille et m'abandonner. Je l'ai fait trois fois.

Ma première femme avait quatre ans et demi de plus que moi, elle était comme ma mère. Cette relation était pleine de bienveillance. Nous étions bons l'un pour l'autre et peu intenses sur le plan sexuel. Nous étions deux enfants qui sortaient de leur enfance respective en tirant un peu la langue et en ayant juste besoin d'une présence. Un peu comme un frère et une sœur. Nous nous sommes fréquentés pendant vingt ans. Grâce à elle, je me suis développé au niveau professionnel ; elle s'est développée au niveau maternel.

J'ai quitté ma première femme pour une autre. J'avais quarante et un ans. Jusque-là, j'avais vécu comme un brillant zombie. Premier de la classe tout le temps, et dans tous les domaines. « Un brillant sujet », comme on dit sans savoir que la brillance n'est pas du tout un indice de maturité. J'avais eu tous les pouvoirs avec ma première femme. J'ai donc choisi une femme qui voulait tous les pouvoirs. Au début, elle était mon professeur de sexe. Mon analyste de l'époque me disait que je vivais une adolescence retardée. Je me rattrapais.

J'avais été invité à faire une conférence en France et j'avais décidé que nous irions manger chez Bocuse. Juste avant d'aller dîner, nous avons fait l'amour et j'ai eu pour la première fois de notre relation une initiative sexuelle. Un geste qui n'était pas un geste qu'elle, elle avait programmé. J'ai senti sur-le-champ que cela lui déplaisait. Elle m'a confirmé par la suite que c'était le moment où elle avait commencé à prendre du recul à mon égard. J'avais cessé d'être son objet. Or, je suis un bon élève, mais je pense que je suis un bon maître aussi. Et je n'aime pas être commandé. Je déteste le pouvoir, j'aime la puissance, surtout lorsqu'elle est égale et partagée.

J'avais quitté ma première femme, je vivais seul, j'étais en analyse. Cette rupture a déclenché chez moi pour la première fois de ma vie une angoisse absolument torrentielle. A ce moment-là, au lieu de me dire : « Elle va me quitter », je me suis demandé quel était mon problème à moi. Ne me demandez pas pourquoi je me suis ce jour-là questionné, moi, plutôt que, comme toujours, d'accuser l'autre. Cela a été pour moi une bénédiction. J'ai arrêté de dormir. La nuit je travaillais à réfléchir à ma question. J'habitais dans un chalet avec un mobilier loué et il y avait une peinture au mur représentant deux montagnes comme ça *(il dessine deux seins dans l'espace)*. Et tout d'un coup, la lumière s'est faite. J'ai appelé mon analyste. J'ai sacrement vociféré sur mon manque de mère et sur le fait que ma mère, à l'origine, non seulement ne voulait pas d'enfants mais ne nous faisait ni câlins ni baisers. Cela m'a pris plusieurs années pour réaliser qu'elle ne riait jamais. Cette carence maternelle me faisait courir ventre à terre vers les femmes pour avoir de la tendresse.

C'est la raison pour laquelle je ramais dans mes relations amoureuses. Et mon analyste pendant une heure a juste émis des « mmm, mmm ». Elle n'a rien dit. Après cette heure de téléphone, j'ai perdu dix-sept kilos dans les trois semaines qui ont suivi. Mon changement corporel a été spectaculaire. Mes mains et mes pieds se sont réchauffés. Fini les déodorants, mon corps sentait bon. Je suis devenu intuitif. Mes malades me disaient : « Vous lisez dans mes pensées. » Ma sexualité s'est déchaînée. Auparavant, j'étais tout sauf un chaud lapin. Une mutation. Je n'avais plus besoin de mère dans la vie. Du moins je le croyais. Je ne savais pas encore que c'était seulement le début du voyage.

Au cours de mon existence, ce sont les mutations d'ordre sexuel de grande intensité qui m'ont le plus marqué. Ce sont elles qui ont fait de moi un homme. Elles m'ont fait un jour pleurer à l'orgasme, un autre jour éclater de rire à l'orgasme, entrer dans le regard de l'autre, les yeux grands ouverts pendant une rencontre amoureuse. La préparation des changements est lente, et les changements sont parfois hyperrapides. Il fut un temps où je « voulais » changer. Plus maintenant. Tout ce que j'ai à faire, c'est être patient et être à l'écoute de ce qui se passe ici et maintenant. C'est ce que nous enseignent les sages orientaux. Etre à l'écoute de ce qui vient, des signes que l'existence nous apporte, et il y en a chaque jour. Certains sont plus importants que d'autres. Je les reconnais aujourd'hui au quart de tour ; avant, j'étais sourd et aveugle.

Ma deuxième femme était professeur de littérature. Notre relation a été intensément sexuée. Elle était cultivée, parlait de nombreuses langues et avait une sensibilité à fleur de peau. Nous parlions beaucoup mais nos bagarres étaient homériques. L'intensité de la sexualité entraînait la violence. Nous étions deux enfants entêtés qui faisaient concours l'un avec l'autre. Le prix pour le gagnant aurait été que l'autre s'en occupe ! Je suis sorti de ce second mariage avec le désir d'avoir la paix. Il m'a fait comprendre que, si l'autre vous fait du mal, vous pouvez l'utiliser pour en faire du bien pour vous.

Ma troisième épouse, j'ai fini par être son thérapeute. J'avais pris le rôle paternel. Une erreur. Le rôle paternel à l'intérieur d'une relation amoureuse est celui d'un « bouffeur ». C'est une relation de possession. Et quand il y a possession, il y a solitude. Il y avait une présence mais en réalité j'étais seul. A la fin, je n'y trouvais plus mon compte. Je ne recevais plus rien.

C'est d'ailleurs après mon troisième mariage que, pour la première fois de ma vie, j'ai assumé ma solitude. Avant, quand je me retrouvais seul, je tournais la tête de tous côtés pour savoir sur quelle femme je pouvais bien me jeter. Je pleurais jour et nuit l'abandon. Et puis j'étais terrifié parce que je devais m'assumer et personne ne s'occupait de moi. Se sentir aimé, c'est se sentir exister. Cela donne une identité. Souvent « je t'aime » veut dire, « je m'aime en toi ». Ce n'est pas encore de l'amour.

Cette fois-ci, c'est comme si j'étais passé à la machine à laver, à l'essoreuse. Je goûtais le silence de la maison, j'étais paisible. Avant d'être bien avec quelqu'un, il faut savoir être bien avec soi-même. Sinon, on va se jeter sur l'autre pour combler des manques. Souvent deux personnes sont ensemble simplement par peur de la solitude. A l'inverse, elles craignent de s'impliquer souvent par peur d'être possédées, vampirisées. Ces peurs doivent être apprivoisées. « Ils se marièrent, ils furent heureux, ils eurent beaucoup d'enfants » est un conte de fées. Il n'y a de garantie à vie dans aucune relation de couple. La seule femme garantie à vie, c'est la mère.

Je ne suis pas « vacciné » contre le mariage. J'ai été marié trois fois avant de me marier avec Eve qui est aujourd'hui mon épouse. J'ai essayé de la bouffer comme les autres, mais je n'y suis pas arrivé. Avec elle, j'ai quelqu'un en face. Et je peux utiliser les moments difficiles pour grandir et évoluer. Etre un homme, pour moi, c'est d'abord être soi-même. Je considère être en chemin.

*

J'entends beaucoup de haine entre les hommes et les femmes dans les pays anglo-saxons. Au Canada, le féminisme est triomphant. Les hommes ont déserté les études de médecine par exemple. Il y a 80 % de filles en première année. En chirurgie, il y a plus de femmes que d'hommes. Il y a un féminisme de deuxième génération. Des éditoriaux du *Devoir*, l'équivalent du *Monde* au Canada, proclament « Pitié pour les hommes ». Parce qu'ils sont complètement châtrés. Il y a au Canada un lourd contingent homosexuel, plus encore qu'ailleurs. Aux Etats-Unis, 30 % des hommes américains ont un orgasme homosexuel au cours de leur vie. 30 % ! Un phénomène de société. Mais il n'y en a que 8 % qui sont homosexuels à vie. Cela signifie que, pour les 22 % restant, cela a fait partie de leur évolution et de leur maturation. Quelle est leur motivation ? Ces questions ne sont jamais posées parce que ce n'est pas politiquement correct de questionner le pourquoi de devenir homosexuel. Et pourquoi ne pourrait-on pas poser de questions ? Moi, quand des homosexuels viennent me voir, je leur pose des questions sur leur sexualité comme je le fais avec des hétérosexuels. Et, pour beaucoup d'entre eux, c'est la panique.

Dernièrement, dans une de mes cliniques, un homme s'est mis à pleurer. Un homosexuel fin, réfléchi, profond, raffiné. Il m'a raconté toutes les expériences hétérosexuelles qu'il avait eues entre l'âge de dix et vingt ans avant de devenir homosexuel. Depuis, il n'osait plus aborder les femmes. Il en avait envie mais il n'osait plus. L'homosexualité peut être une position de repli par peur des femmes. Quelle est cette peur ? Nos étudiants en médecine ont un atelier sur le toucher qui dure trois heures. Je les envoie faire deux exercices. Premièrement, aller dans l'hôpital toucher quelqu'un. Ils doivent y aller seuls. Et deuxièmement, faire un dessin sur le toucher. Très souvent, leur dessin consiste en une grande main avec une toute petite main à côté. C'est le message de la tendresse. Parfois ce sont deux personnages complètement fusionnels. Un jour, un étudiant a dessiné un homme en train d'étrangler une femme. Il a dû voir la tête que je faisais car il a dit : « C'est une farce. » Et il a sorti un deuxième dessin. Les personnages s'étaient transformés, l'homme qui étranglait la femme était devenu un tout petit garçon et la femme qui était étranglée était devenue une grande matrone qui tenait la main du petit garçon. Il avait été tellement tenu au pied par une femme qu'il voulait toutes les tuer.

Les femmes attendent souvent aujourd'hui des hommes tout ce qu'elles n'ont pas connu étant enfant. Leur père était absent ou trop en colère ou tyrannique, froid ou au contraire incestueux. Elles sont en manque. Elles veulent que leur homme fasse ce que lui n'a pas fait, qu'il se comporte comme elles voudraient qu'il se comporte. Et non pas comme une entité autonome, indépendante, capable de leur tenir tête dans une relation d'égalité.

WILLY BARRAL

« Chaque fois qu'un homme prend conscience de ses faiblesses, il se construit. »

Willy Barral est un homme d'enthousiasme et de passion. Disciple de Carl Gustav Jung et de Françoise Dolto, il est un des rares analystes spécialisés dans l'enfance. Celle des premières années de la vie, mais aussi celle qui vit et palpite à l'intérieur de nous, quel que soit notre âge. Il s'intéresse plus que tout à la façon dont se construit notre appareil psychique, et c'est la raison pour laquelle, après avoir travaillé quinze années avec Françoise Dolto, il a lui-même créé une Maison verte à Erevan, en Arménie, afin d'y former une équipe. Il enseigne également dans les universités d'Erevan, de Moscou et de Varsovie. Dans les pays de l'Est, privés de « parole vraie » pendant tant de décennies, les échanges sont selon lui infiniment plus fructueux pour la recherche clinique. En France, il a tenu pendant dix ans un séminaire sur « L'Image inconsciente du corps », publié par les éditions Gallimard en 1999, et il a ainsi contribué à rendre plus accessible ce concept à beaucoup de ses collègues. Il a dirigé un hôpital de jour, pendant quinze ans, accueillant des enfants et adolescents psychotiques ou autistes.

Après cette longue expérience, Willy Barral a créé son propre centre de formation à Paris pour éducateurs, travailleurs sociaux et psychothérapeutes. Il délivre aujourd'hui cet enseignement clinique dans de nombreuses institutions hospitalières et reçoit ses patients, enfants comme adultes, dans son cabinet parisien en tant que psychanalyste.

Pourquoi aujourd'hui cette révolution des hommes ?

— Ce n'est pas grâce à la génération de mai 68 ! Elle n'a pas fait avancer les hommes sur la question de leur être intérieur, leur capacité à parler de leurs sentiments, leur rapport à l'autre. C'est en revanche grâce à leurs enfants qu'une révolution, comme vous dites, a pu s'amorcer. Ceux-ci ont en effet bénéficié, dans leur vie affective, de quelque chose dont nous n'avions pas bénéficié. Leurs parents leur ont parlé. Nos parents à nous ne nous parlaient pas. Ce sont eux, les enfants des enfants de 68, qui sont en train de faire leur révolution.

Comment se traduit ce changement ?

— Ils n'ont plus besoin de jouer à l'homme viril, de faire de la prestance, pour s'affirmer dans leur couple. Ils ne peuvent plus rester dans les catégories de pensée de leurs parents parce que les jeunes femmes qu'ils rencontrent sur leur route et avec lesquelles ils vivent aujourd'hui sont en avance sur eux et les « boostent ». Les jeunes femmes d'aujourd'hui bousculent les hommes par leur audace. Grâce à elles, ils sont contraints d'avancer.

Vous avez un exemple ?

— Oui, il n'est pas rare aujourd'hui de voir une femme exiger de son mari qu'il fasse un travail personnel pour ne pas la perdre. J'ai entendu des hommes me dire dans un premier temps : « C'est elle qui veut que je commence une analyse. Elle m'a dit que, sinon, elle prendrait un amant ! » Les femmes ont beaucoup contribué à amorcer cette révolution chez les hommes. Par ailleurs, notre société a commencé enfin à intégrer Freud. Or, une des affirmations freudiennes, c'est que l'être humain arrive au monde habité par une bisexualité. C'est une conception nouvelle de la vie sexuelle, de la vie affective, des rapports entre les hommes et les femmes. Ce n'est plus honteux d'exprimer ses sentiments quand on est un homme. C'était extrêmement difficile à la génération précédente. L'homme était très mal jugé quand il le faisait.

Cette transformation est-elle difficile pour les hommes ?

— Elle est douloureuse. C'est comme une remise au monde. Il s'agit de structures mentales à reconvertir. Ils les ont héritées de leurs parents et elles sont souvent rigides. Freud disait : « L'enfant est une cire molle sur laquelle tout s'imprime ! » C'est dire à quel point se transmettent de générations en générations non seulement les traumatismes mais aussi les avancées des parents. Les enfants dupliquent les activités mentales de leurs parents. Moi, j'avais vingt-huit ans pendant les événements de 68 et j'étais en pleine révolution. Je prenais conscience des archaïsmes qui m'habitaient et de leur héritage ancestral. Les enfants conçus à cette époque ont « engrammé » le nouveau programme que leur père était en train de formuler. Le temps générationnel, que l'on appelle aujourd'hui le transgénérationnel, est important à mes yeux pour comprendre la révolution des hommes d'aujourd'hui.

Est-ce que selon vous cette révolution des sentiments affaiblit les hommes ou bien est-ce qu'elle les renforce ?

— Chaque fois que l'on prend conscience de ses faiblesses, on se construit. Il y a de la douleur à être des hommes à la hauteur de ce que leur femme et leurs enfants attendent. Cette humanité friable les structure. Cela les rend plus responsables, cela les met en œuvre pour se former eux-mêmes. Je n'opposerais pas faiblesse et force. C'est la prise de conscience de nos faiblesses qui nous permet d'accéder à une position subjective plus forte. Il faut d'abord qu'il y ait déconstruction pour qu'il y ait reconstruction.

De plus en plus d'hommes aujourd'hui quittent leur femme sans préavis au bout d'une nuit ou d'une vie, parfois sans un mot d'explication. Qu'en pensez-vous ?

— C'est comme si ces hommes-là n'avaient pas eu de père. Ils sont sans parole. Ces fils répètent le manque d'importance donné dans leur famille à la pensée et à la parole. Cela engendre une pathologie du lien.

De quelle parole parlez-vous ?

— Je ne parle bien entendu pas d'autoritarisme mais d'une parole vraie, échangée au nom de notre simple humanité, sans fard, comme on le ferait lors d'une conversation intime. Seule une parole traversée par le jeu et la gravité de la vie, faite de chutes et de mains rattrapées, construite dans l'amour et le respect de soi et de l'autre, peut témoigner du lien de chair qui unit deux générations. Un fils privé de la parole de son père sera demain un homme manquant dans toutes ses relations affectives. Ces fils-là ne savent pas mieux faire que leur père. Ils ont dupliqué cette carence, ce défaut de parole, et ils la mettent en acte avec leurs compagnes, ce qui évidemment les fait souffrir, les sidère.

Ce sont pourtant souvent des hommes qui se cherchent et osent aujourd'hui le dire...

— Ils se cherchent, mais pas dans la bonne direction. Tant qu'ils ne travailleront pas sur leur histoire et ses racines inconscientes, ils ne pourront la penser. Par acte de penser, j'entends la capacité à se reconnaître soi-même traversé par la violence et pouvant la parler plutôt que la mettre en action. Les jeunes hommes qui perpétuent des actes de violence ne se représentent pas la gravité de leurs actes. Ils n'en ont même pas la représentation. Le passage à l'acte est toujours l'endroit où l'on n'a pas de mots. Alors les coups viennent à la place des mots.

La violence d'un homme qui refuse de parler à une femme serait donc du même ressort que celle des banlieues ?

— Oui, il y a aujourd'hui une recrudescence de la violence physique qui est du même ressort. Ces jeunes privés de la parole d'un père ne sont pas construits. Je les appelle des « hémiplégiques de père ». Ils sont désarmés et désarmants. La société patriarcale s'est effondrée – ce qui est une bonne chose car elle privait les femmes de toute possibilité d'expression –, mais en contrepartie tous les repères ont explosé. Tous les « ismes » sont morts. Toutes les valeurs sont à reconstruire et à inventer. En attendant, nous vivons dans une société de plaisir immédiat, de pure jouissance, à travers la société de consommation qui conditionne les jeunes à s'identifier aux représentations offertes par la publicité. « Si j'ai telle chose, je posséderai le pouvoir » est la contre-culture qui leur est enseignée.

On prône l'égalité entre les sexes. Pourtant physiquement, sexuellement, la femme n'est-elle pas plus vulnérable ?

— Certes, sexuellement, une femme accueille un homme en elle et s'ouvre à lui, mais si la femme en sort blessée, que ce soit psychiquement ou physiquement comme dans le cas d'un viol, c'est que nous sommes hors du champ de la rencontre. C'est un rapport de mammifères, alors que dans la rencontre il y a forcément altérité. Il y a rapport sexuel mais il n'y a pas relation. Il y a mille manières d'avoir des rapports sans rencontre, et pas seulement sexuels. Dans la vie professionnelle et sociale.

La violence serait donc le côté noir de cette révolution, sa part d'ombre ?

— En l'absence de pensée capable d'ordonner ses pulsions, tout se passe comme si le monde virtuel des fantasmes devenait alors capable de déconnecter l'humain du réel. Prenons par exemple le cas de ces jeunes, consommateurs de films sadomasos dont notre société les abreuve, qui, à force de voir leur héros à la télévision mourir et se relever, finissent par disjoncter totalement au point d'avoir des gestes irréparables. Tel ce jeune garçon de onze ans qui, après avoir tué son camarade d'un coup de carabine empruntée à son père, demandera ensuite aux policiers : « Pourquoi il ne s'est pas relevé ? » Il y a là comme une carence de la vie symbolique, le monde de l'imaginaire ayant envahi tout le champ du réel. Le virtuel déconnecte du réel, comme nous le montrent ces dix millions d'« otaku » qui vivent au Japon. Ces jeunes hommes entre quinze et trente ans vivent totalement en marge des rapports humains, enfermés dans leur chambre en tête à tête permanent avec leur ordinateur. Ce sont des « autistes technologiques ».

Quelle différence entre ces hommes d'aujourd'hui et ceux d'hier ?

— La génération précédente avait des freins qui lui permettaient de prendre suffisamment de recul par rapport à l'action, ce qui lui permettait de la penser. La génération d'aujourd'hui, en se laissant fasciner par le virtuel, s'échappe des limites du réel. Elle est davantage susceptible de passages à l'acte. Ce monde imaginaire, parce qu'il n'a pas de limites, engendre de la violence.

Que penser du phénomène des tournantes ?

— Les tournantes sont une pathologie criminelle. La femme y est consommée comme un objet. Ces jeunes gens n'ont plus de représentation de la féminité. Dans leur délire, leur manque de construction, ils s'imaginent la femme comme un objet de consommation. Ce n'est pas un être humain, ce n'est pas une femme qu'ils violent, c'est une poupée gonflable. Au point qu'ils prétendront d'ailleurs ne pas l'avoir violée, ou, puisqu'ils vivent seulement à travers leurs fantasmes et non dans la réalité, qu'elle était consentante. De la pulsion, ils sont passés à l'action, sans intermédiaire, par le canal du monde virtuel.

Pourquoi ces hommes fuient-ils la réalité ?

— Cette gigantesque avancée des femmes sur le plan social se traduit aussi par des inhibitions dans la construction sexuelle des garçons. Ils ont peur de la rencontre, ils ont peur de l'autre. En l'absence de repères, de jeunes garçons vont par exemple se réfugier dans l'anonymat des tournantes. Le groupe va faire loi. Ils peuvent s'y fondre et pensent ainsi se préserver de la plainte singulière qu'une jeune fille pourrait exprimer à leur encontre.

Et plus précisément, qu'est-ce qui chez les femmes d'aujourd'hui fait peur aux hommes ?

— Chez ces fils qui ont grandi sans la parole d'un père et donc sans limites, la parole de la femme est ressentie comme intrusive, envahissante et dangereuse. Lorsque les limites n'ont pas été posées dans l'enfance, les interdits formulés par le père, les humains demeurent livrés à leurs trois pulsions fondamentales : anthropophagiques, incestueuses et meurtrières. C'est pourquoi ces trois interdits sont fondateurs de toute culture. Ils humanisent les pulsions et structurent les liens sociaux. Or, aujourd'hui, ces interdits, non seulement ne sont plus enseignés mais sont bafoués par les adultes eux-mêmes sous diverses formes, y compris à travers la publicité, la pornographie et la pédophilie. On n'enseigne plus aujourd'hui l'interdit anthropophagique, comme si nos sociétés modernes s'en croyaient définitivement libérées. L'anthropophagie est encore aujourd'hui la toute première des pulsions de violence.

Qu'appelez-vous pulsion anthropophagique ?

— Par exemple dans l'enfance, de plus en plus de petits garçons vivant seuls avec leur mère prennent tout d'elle, la vampirisent. Et la mère n'a pas de mots pour nommer l'interdit. Et quand j'explique à ces enfants ce qu'est l'interdit anthropophagique, ils m'écoutent avec des oreilles vivement intéressées. La mère me téléphone souvent peu après en me disant : « Il a cessé de me mordre. C'est formidable. » Elle a surtout pu soutenir pour elle-même l'interdit !

Que dites-vous exactement à ces enfants pour leur définir l'interdit anthropophagique ?

— Il faut employer des mots qu'ils peuvent entendre. Les enfants ont des besoins oraux, ils peuvent donc comprendre les termes de « manger », « dévorer ». Je dis précisément : « C'est interdit de manger maman. Est-ce que maman te mange ? » Pour grandir, le petit d'homme s'identifie aux adultes qui doivent l'éduquer en étant eux-mêmes dans une totale chasteté du désir à son égard. Dans le cas contraire, cela générera plus tard de la violence. Il y a des mamans qui mangent par des baisers, des bisous, et les enfants se défendent à leur tour en exigeant de plus en plus d'elles. Ils les manipulent. L'anthropophagie, c'est oral, et les mères n'ont sont pas toujours exemptes. Il y a de l'archaïque et du vampirique dans la relation mère-enfant, et cela engendre beaucoup de violence aujourd'hui, voilà ce que je suis en train de vous dire.

Il y avait auparavant des règles précises qui canalisaient les pulsions. Aujourd'hui que ces rails ont disparu, c'est la loi de la jungle ?

— Cela génère la loi de la jungle. Le problème est que les parents aujourd'hui se refusent à être des censeurs. Ils ont souvent reproduit le programme de leurs parents « soixante-huitards » et ils ont été habitués à penser qu'il était interdit d'interdire. Ils se sont faits du modèle du bon parent l'idée qu'il fallait laisser aux enfants un maximum de liberté pour qu'ils s'expriment. Et ils sont alors vite débordés, évidemment.

Quelle est la fonction de l'interdit ?

— Il donne des limites. L'interdit structure et ordonne le chaos des pulsions et va permettre à l'être humain d'entrer dans son humanité. Mais quand vous parlez ainsi à la télévision ou dans une table ronde, et que vous venez rappeler cette évidence que l'interdit structure, vous avez la moitié du public et parfois même le journaliste qui vous interrompent, lui-même irrité. Il vous range dans la catégorie des « ringards » moralistes.

N'est-ce pas de moins en moins le cas ?

— Non. La fonction de l'interdit, c'est d'humaniser les pulsions. Quand on explique à un petit garçon que devenir un homme passe par ordonner ses pulsions, il comprend le message. Il sent que si c'est une loi pour tous, cela peut devenir une loi juste pour lui-même. A condition que ce soit une loi pour tous. Si ce n'est pas le cas, si le petit garçon est soumis aux humeurs de ses parents, il devient de plus en plus dépendant d'eux, et sa réaction deviendra de plus en plus violente.

Quelles conséquences plus tard sur ses relations avec les femmes ?

— On va retrouver cette même pulsion anthropophagique dans la relation d'amour lorsque l'homme, habité par cette pulsion, va exiger de la femme qu'elle soit disponible et à sa disposition quand lui en a besoin. Il l'exige. C'est une relation de besoin, pas une relation de désir. Prolonger sa pulsion anthropophagique passe par « Je te veux, je te prends »...

... et je te jette ?

— Et je te jette. Je te veux, je te prends, je te jette. Une relation motivée par le besoin n'a rien à voir avec une relation motivée par le désir de partage. Si j'ai besoin de toi, tu dois être à ma disposition. Il s'agit de carences dans l'appareil psychique du sujet qui se trouve dans l'incapacité de penser le lien à l'autre. Parce qu'il a avec son propre corps une très mauvaise relation. Il n'est pas en contact avec lui-même. Ni avec son corps ni avec ses sentiments. Ces êtres-là, n'étant pas en contact avec eux-mêmes, n'ont pas encore rencontré leur humanité.

Que peuvent-ils faire ?

— Sortir de la toute-puissance, accepter leur vulnérabilité. Il y a un psychanalyste boxeur qui travaille avec des adolescents violents. Il les fait travailler sur le ring, c'est sa manière de faire de la psychothérapie analytique ! Il leur demande de lui indiquer l'endroit de leur corps qu'ils pensent le plus fragile. Le jeune lui indique l'endroit, et ce thérapeute, avec son poing de boxeur, c'est-à-dire avec un gant, donne un coup à cet endroit précis pour que l'adolescent expérimente sa fragilité. Il va ensuite lui apprendre à protéger cet endroit fragile. Au fil des séances, il observe que ces jeunes frappent de moins en moins parce que, en apprenant à gérer leur point fragile, ils ont repris confiance en eux et n'ont plus besoin de communiquer par les coups.

Quand on prend conscience de ses propres fragilités, on devient conscient des fragilités de l'autre et de son humanité...

— Oui, c'est exactement de cela qu'il s'agit. Connaître ses faiblesses et apprendre à les protéger nous permet d'entrer pleinement dans notre humanité. Et entrer dans son humanité, c'est pouvoir entrer enfin en relation avec l'autre.

MATHIEU

« J'ai été salaud avec des nanas. »

Il parle des femmes en les appelant « les nanas » et émaille ses propos de « entre guillemets » comme pour leur mettre un bémol. Mathieu a trente et un ans, les yeux noirs, un tee-shirt gris et une barbe de quelques jours. Il a créé, avec deux de ses amis, une entreprise florissante. Elle organise des rencontres de quelques minutes entre célibataires à l'issue desquelles chacun d'entre eux décrète s'ils souhaitent se revoir. Cela s'appelle des « speed-dating ». Une démarche originale et dans l'air du temps qui m'a donné envie de rencontrer ce jeune chef d'entreprise aux dents longues. Ultraréaliste dans sa vie professionnelle, il puise ses références sentimentales dans l'imaginaire cinématographique dont il connaît sur le bout des doigts la toute dernière actualité. L'entrevue aura duré près de trois heures. Mathieu m'a paru emblématique d'un grand nombre d'hommes de sa génération qui ont grandi dans l'univers de frime et de paillettes des années 80. C'est pourquoi, malgré sa crudité, parfois son immaturité, j'ai tenu à conserver son témoignage.

Vous avez une petite amie ?

— Depuis deux jours.

Ah !

— Oui, mais bon, c'est une fille que je connais depuis assez longtemps. Donc c'est sérieux.

Vous êtes amoureux ?

— En deux jours, difficile de le savoir.

Mais si vous la connaissez depuis longtemps...

— Depuis deux ou trois mois j'envisage une histoire avec elle. Avant, elle ne pouvait pas. Maintenant, elle est libre.

A quel âge avez-vous vécu votre première histoire d'amour ?

— A vingt ans. Assez tard en fait. J'ai fait l'amour pour la première fois le jour de mon anniversaire. A l'époque, j'étais toujours avec une bande d'amis. J'ai vu le film de Christian Vincent, *La Discrète*. L'histoire d'une fille que tout le monde méprise et d'un garçon qui fait semblant de tomber amoureux d'elle et qui finit par tomber lui-même dans le piège qu'il lui tendait. Cela a été le déclic. Je me suis dit que je passais à côté de pas mal de choses. Cette histoire a duré pendant à peu près un an et demi. Après je suis vraiment tombé amoureux d'une autre fille. Je faisais de la radio en amateur avec elle. Nous sommes restés ensemble cinq ans. C'est ma plus grande histoire. Avec elle, il y a eu trois phases. Nous avons vécu ensemble en Italie, à Paris puis à San Francisco. Cela renouvelait notre vie de couple.

Pourquoi vous êtes-vous séparés ?

— C'était presque devenu un rapport frère-sœur. Il n'y avait plus de désir.

C'est vous qui l'avez quittée ?

— C'est elle qui m'a quitté, mais moi aussi j'avais

envie de passer à autre chose. Je n'avais jamais dragué de ma vie. J'ai vécu dans l'abstinence pendant un an et demi. J'étais comme un gamin, je ne savais pas comment on appelait une fille au téléphone. Je n'avais jamais été dans la drague ni dans la séduction.

Comment avez-vous fait ?

— La première fois, je me suis pris un râteau. Cette fille était lesbienne. J'ai fait dans la simplicité !

Vous étiez amoureux d'elle ?

— Je crois. C'est une des premières filles pour qui j'ai vraiment pleuré. Elle a compté pour moi. Après, j'ai eu une histoire avec une Américaine d'origine chinoise. Ce fut pour moi le début de ma vie réelle. J'avais vingt-six ans. J'ai découvert ce qu'était le désir. Avant, j'aimais bien faire l'amour mais sans plus. J'ai rencontré une nana d'abord folle de moi, et surtout très perverse dans ses jeux et crue dans ses relations sexuelles tout en étant très romantique. Je suis parti la rejoindre aux Etats-Unis.

Quelle différence entre le sexe avant elle et le sexe après elle ?

— Avant ce n'était pas le sexe qui m'intéressait, je cherchais plutôt une copine, des relations du type frère-sœur. J'étais d'abord avec ma bande de copains. Le sexe était un passage obligé mais je ne m'étais pas révélé.

Cette fille vous a révélé ?

— Elle m'a débloqué. Avec elle j'ai utilisé des godemichés, des pinces à seins. Je n'en avais jamais auparavant manipulé. Nous n'arrêtions pas de baiser. Le week-end entier. Je ne l'avais jamais fait. Ensuite nous nous sommes séparés parce qu'elle est sortie avec un de ses professeurs d'université. Un homme de quarante ans, genre Woody Allen. Après, j'ai accumulé pas mal d'histoires plus ou moins sans lendemain.

Vous sortiez avec plusieurs femmes à la fois ?

— Non, c'était assez rare. Je l'ai très peu fait. Je m'amusais à séduire.

Vous avez l'impression d'avoir évolué dans vos relations aux femmes ?

— Aujourd'hui, je suis entre le romantique et le « trash », le cru. Comme j'ai tendance à idéaliser les femmes, je peux avoir pas mal de déceptions. J'en ai beaucoup moins quand je me dis à la manière masculine : « Toutes des salopes. » Je ne peux pas dire que j'ai méprisé les nanas avec qui j'ai eu des histoires, mais certaines, je n'en avais strictement rien à faire. Je n'avais même pas envie de les rappeler. Ou si je les rappelais, c'est parce que j'avais envie de les baiser. Ce que je trouve beau, c'est d'arriver à être cru avec une femme de qui on est amoureux. Avoir à la fois une vraie vie sexuelle et une vraie vie amoureuse, c'est assez rare. Je l'ai vécu avec l'avant-dernière fille avec qui j'étais mais ce n'était pas la bonne personne.

En quoi n'était-ce pas la bonne personne ?

— Elle n'avait pas d'ambition. Il y avait un décalage. Je ne la comprenais pas.

Par exemple ?

— C'était quelqu'un qui ne se réalisait pas. A la fois professionnellement et dans sa vie personnelle.

Vous avez besoin qu'une femme se réalise professionnellement pour l'aimer ?

— Oui, clairement. C'est important pour moi. Et aussi qu'elle soit dans un secteur très différent du mien.

Vous sauriez dire pourquoi ?

— Oui parce que sinon, nous sommes dans la rivalité. Là, je démarre une histoire et je rencontre un nouveau milieu.

Quel est ce milieu ?

— Le milieu politique. Pour moi, c'est neuf. Avant, j'étais avec une nana qui faisait des documentaires.

Vous aimez que la fille prenne les initiatives ?

— Cela ne me dérange pas. Les SMS, c'est une révolution de la drague. Souvent on a envie d'appeler quelqu'un mais sans trop savoir quoi lui dire. On veut juste marquer une attention. On lui envoie un SMS et on entretient la relation. Il y a des professionnelles du SMS, elles répondent tout de suite. C'est rigolo.

Qu'est-ce que vous aimez chez une femme ?

— Récemment, j'ai dragué une nana super mignonne. C'était mon idéal féminin. Quand j'étais à côté d'elle, j'avais l'impression d'être le roi du monde. Elle était super jolie, elle avait un look, une gueule. J'adorais. Mais pour parler de manière très crue, elle ne me faisait pas bander.

Vous ne la désiriez pas ?

— Non. Peut-être parce qu'elle ne me désirait pas ou parce qu'elle était trop jeune. Il y a une grande inégalité entre les hommes et les femmes. Mon objectif dans la vie est quand même aussi d'avoir des enfants. Pour les femmes, vers trente-sept ans, cela devient un stress. Pour nous, pas du tout. Et moi, lorsque j'approcherai la quarantaine, forcément, j'aurai plutôt tendance à draguer les nanas de trente ou trente-cinq ans.

Vous avez aussi observé ce phénomène lors de vos rencontres entre célibatairs ?

— Oui, nous avons organisé notre première soirée pour les plus de quarante ans. En un jour, quinze nanas se sont inscrites, et pour l'instant zéro mec. Alors que d'habitude le rapport est équitable. En plus, ce qui est étonnant, c'est la vitesse à laquelle la soirée s'est remplie pour les femmes.

Qu'en est-il de la femme de quarante ans qui a déjà des enfants ?

— Le rapport s'inverse. Moi aussi j'ai envie d'avoir des enfants. Et elle n'en a pas forcément envie.

Vous voulez vous marier ?

— Le mariage n'a pas fondamentalement d'importance. J'ai reçu zéro éducation religieuse.

Comment envisagez-vous aujourd'hui vos relations amoureuses ?

— Je suis assez cru en général. Même avec mes potes.

Qu'est-ce que vous appelez cru ?

— Je peux draguer une nana, me foutre de sa gueule, l'insulter, ou lui dire des méchancetés. Je peux être super méchant, gratuitement. Quand on est entre mecs, les nanas, on ne parle que de les baiser. C'est notre sujet de prédilection.

Vous avez un exemple ? Votre dernière conversation de « cul » avec un mec ?

— C'était avec un copain qui se tape trois nanas en même temps. Il était parti la veille au soir chez l'une d'elles, et il lui avait dit que, ensuite, il devait aller dîner au resto pour son travail et qu'après il reviendrait. Il est allé en baiser une autre. Voilà une histoire de cul. Les questions sont : est-ce que tu l'as baisée ? Est-ce qu'elle t'a sucé ? Est-ce qu'elle avale ?

Et vous parlez de la même manière d'une femme dont vous êtes amoureux ?

— Je pourrais. C'est très primaire. Avec des potes, je peux dire des choses crues sur des nanas que j'aime vraiment bien. C'est un jeu : le jeu du mâle. Cela fait un an et demi que je sors et que je drague en récupérant un ou deux numéros de téléphone par soir. Si je me prends des râteaux, je m'en fous, j'en retrouverai trois autres derrière. J'ai découvert ce plaisir. Je vais dans un endroit, je rencontre toujours deux ou trois copines. J'aime bien être entouré. J'aime avoir mon harem.

Qu'est-ce que vous appelez « un harem » ?

— Ce sont des amies. Quand vous êtes avec trois filles, vous avez plus de chance d'en lever une quatrième. C'est la règle de base. Quand ce sont trois jolies filles, cela marche encore mieux.

Qu'est-ce que c'est être méchant avec les femmes ?

— Etre méchant avec des femmes, c'est se foutre de leur gueule sans qu'elles s'en aperçoivent.

Par exemple ?

— Autre règle de base : quand on est salaud avec une nana, elle s'accroche. Cela arrive très très souvent. Une fille dont je n'ai rien à faire, elle m'appelle, je lui dis : « Bon allez viens vers 10 h 30 ou 11 heures du soir » parce qu'avant je suis avec mes potes, et je n'ai pas envie de me prendre la tête, juste de baiser. Elle arrive. Et parce qu'elle est venue, je ne la rappelle plus. Il y en a une qui m'a envoyé trois SMS, je ne l'ai jamais rappelée. J'ai été sympa avec elle en plus. Quand je suis en tête à tête, je suis assez gentil. C'est ce qui trouble le plus parce que, en réalité, je n'ai pas envie de la revoir. C'est assez rare les nanas à qui, juste après avoir baisé, je dis : « Bon, dégage ! »

C'est arrivé ?

— Cela m'est arrivé, oui.

Vous pouvez raconter ?

— C'était à 5 heures du matin. Je ne pouvais pas dormir. Je n'avais pas envie qu'elle soit à côté de moi. A l'époque, j'avais quatre nanas plus ou moins en même temps.

Je croyais que cela ne vous arrivait pas !

— Ce n'étaient pas de vraies histoires. C'était à cause de mon ex. Une séductrice et une allumeuse. J'étais d'une énorme jalousie. Quand elle se faisait draguer, ma seule manière de me révolter, c'était de me taper d'autres nanas. Je pensais trouver ainsi un équilibre. En fait toutes les nanas que j'ai baisées quand j'étais avec elle, c'était une catastrophe.

Pourquoi ?

— Je n'en avais pas envie. Ce système ne fonctionne pas. Tout se joue au réveil. Si je la trouve belle, si j'ai envie qu'elle reste dans mon lit, si quand elle me parle je ne saute pas au plafond. Parfois des filles disent des débilités monstrueuses. J'aime celles qui ont une histoire. C'est important pour moi qu'elles aient vécu. Toutes les filles avec qui je suis sorti faisaient une psychanalyse. Ensuite, j'ai eu des cancers. Un cancer du sein, un cancer de la thyroïde et un cancer du foie. Une étudiante en école de commerce de vingt-deux ans pour qui tout va bien, sincèrement cela ne m'intéresse pas. J'ai connu des histoires complexes. Des suicides.

Pourquoi parlez-vous des femmes de façon méprisante ?

— Moi, personnellement, j'idéalise la femme. Un de mes films préférés par exemple est *Sur la route de Madison*, de Clint Eastwood, avec Meryl Streep. Quand je le vois, je pleure comme une madeleine. Je suis un romantique.

Vous êtes en train de me dire que vous dites des insanités sur les filles parce que vous les idéalisez ?

— Pas tout à fait.

Vous leur reprochez de ne pas être à la hauteur de l'image idéale que vous avez de la femme ?

— Exactement. Par exemple cela m'arrive souvent d'imaginer auparavant avec elle une histoire. Et quand cela ne se passe pas comme je l'ai imaginé, qu'elle n'est pas à la hauteur de mon scénario, je lui en veux. Je me souviens par exemple d'une de mes « ex ». J'ai tout fait pour qu'elle largue le type avec qui elle était. Elle l'a fait du jour au lendemain. Cela s'est arrêté net. Elle n'était plus avec lui, elle était avec moi. Ensuite, chaque fois qu'elle me disait sortir avec des copines, j'étais jaloux. Les filles, elles ne sont vraiment pas « clean ».

Que voulez-vous dire ?

— Du jour au lendemain, l'homme avec qui elle était auparavant n'existait plus. Les hommes sont beaucoup plus sentimentaux. Ils ont du mal à oublier une femme qu'ils ont aimée.

Qu'est-ce que vous attendez de votre future femme ?

— De partager quelque chose de super intime. Donner du plaisir à une femme, c'est avoir l'impression d'être le roi du monde. Je suis heureux quand une fille en plein orgasme me dit : « Putain mais c'est trop bon ! » C'est ma psychanalyse personnelle. Mon père et ma mère, c'était le non-sexe absolu. Mon grand-père paternel était, lui, un dragueur qui trompait sa femme. Il m'achetait des capotes quand j'avais à peine quinze ans. Je ne savais même pas ce que c'était. Il était horrible avec ma grand-mère.

Quelle était votre réaction ?

— J'éprouvais pour lui une certaine fascination.

Vous avez déjà eu conscience de faire souffrir des femmes, celles par exemple à qui vous dites de venir à 11 h 30 du soir ?

— J'ai été salaud avec des nanas, je le leur ai dit. En fait c'est très très rare celles dont je n'ai vraiment rien à faire. Les mecs, dès qu'ils sont entre mecs, ils parlent mec. C'est une carapace.

JACQUES SALOMÉ

« Les hommes aujourd'hui jouent les SDF du cœur. »

C'est lui l'auteur français qui vend le plus de livres, loin devant de nombreux prix Goncourt. Parmi ses ouvrages, Aimer et se le dire[1], Je croyais qu'il suffisait de t'aimer[2] *ou* Le Courage d'être soi[3]. *Jacques Salomé est psychosociologue. En avance sur son temps, il a inventé une nouvelle grammaire relationnelle qui a remporté un franc succès, dans un premier temps surtout auprès des femmes. Aujourd'hui, les hommes s'y mettent. Ils veulent eux aussi comprendre et déchiffrer les arcanes de l'âme humaine. De par son métier, grâce à sa réussite, aux confidences qu'il suscite et au courrier qu'il reçoit, il est un observateur privilégié des courants de notre société.*

Selon vous, les hommes sont-ils en pleine révolution ?

— Oui, depuis deux ou trois ans, c'est très spectaculaire. En ce qui me concerne, j'enseigne une autre façon de communiquer plus directe, plus sensible, plus ouverte sur la réciprocité. Or, vis-à-vis de ma démarche, les hommes avaient jusque-là beaucoup de réserves. Il y

1. Editions de l'Homme.
2. Albin Michel.
3. Pocket.

avait de leur part de l'ironie, du rejet. C'étaient leurs femmes qui me lisaient, et cela les mettait mal à l'aise ou en porte-à-faux. Aujourd'hui, les hommes m'écrivent. Au dernier Salon du livre de Paris, un grand nombre d'entre eux est venu me voir. Je me souviens par exemple d'une sorte de Tarzan, un homme beau et sûr de lui. Peu après avoir commencé à me parler, est montée en lui une profonde émotion. Il s'est mis à sangloter. Je l'ai pris dans mes bras. Cet homme n'hésitait pas à montrer ce qu'il ressentait après le départ brutal de sa compagne. Il y avait cinquante à cent personnes autour de nous. Ce n'est pas un phénomène épisodique, cela m'est arrivé plusieurs fois de voir de nouveaux hommes oser ainsi s'exprimer.

Que vous disent-ils ?

— Ils se confient, se remettent en cause et acceptent de montrer leur vulnérabilité. Ce matin dans mon courrier un homme qui vient de divorcer et se dit timide ose me demander comment aborder les femmes. C'est une lettre longue et touchante. Il me dit : « Je vois des hommes qui font du baratin, moi, j'aurais honte. J'ai envie de rester moi-même. »

Que lui avez-vous répondu ?

— De rester au plus près de ce qu'il ressent. Une rencontre ne se fait pas seulement avec des mots mais aussi par des regards, un sourire. Sourire à une femme, c'est lui dire : « Je vous reconnais comme sympathique et intéressante pour moi. » Il me dit qu'il ne sait pas très bien danser, je lui réponds qu'il est possible de dire à une femme : « Je ne sais pas très bien danser, est-ce que ça va vous décourager tout de suite ? » ou « Je ne sais pas comment vous aborder et pourtant j'ai envie de vous aborder », et puis accepter de s'intéresser à l'autre, remarquer un changement de coiffure ou un nouveau bijou.

En quoi est-ce un changement pour les hommes ?

— Pour résumer, ils sont en train de passer du « faire » à l'être. Le mouvement est bien amorcé. D'abord ils commencent à parler d'eux. Au lieu de parler « sur » l'autre en lui disant par exemple « tu es comme ci ou comme ça », de le mettre en accusation, ils parlent de ce qu'ils ressentent, de leurs émotions, de leurs interrogations. Ils sortent de l'évidence, des solutions toutes faites pour entrer dans le doute, mais un doute qui les pousse en avant, qui les mobilise au point parfois de les inciter à commencer un travail sur eux. Jusqu'à présent, 80 % des clients de cabinets de psychanalystes étaient des femmes. Ce chiffre est en train de beaucoup évoluer.

Qu'est-ce que cela modifie à leur relation aux femmes ?

— J'enseigne qu'une relation de santé est une relation à l'intérieur de laquelle il y a alternance des positions d'influence. Position haute : celle qui propose l'influence ou qui l'impose. Position basse : celle qui l'accepte ou la subit. Au fil des siècles, les positions s'étaient rigidifiées au profit des hommes. Le changement aujourd'hui, c'est que les hommes acceptent d'être aussi parfois en position basse, ce qui n'a rien à voir avec une position d'infériorité. Il s'agit simplement d'une question de dynamique relationnelle. Chez les hommes régnait auparavant un terrorisme relationnel qui leur donnait la tentation d'imposer leur désir ou leur point de vue.

N'y a-t-il pas parfois renversement des rôles et un rapport de force inversé ?

— Non, il y a rapport de force quand les femmes se sentent exploitées et sont obligées de réagir. Elles étaient auparavant sur la défensive et cela se justifiait. Elles découvrent aujourd'hui que « ce n'est pas en coupant le zizi des autres que cela nous en donne davantage », comme disait ma grand-mère. Cela me semblait une dynamique des femmes de ces dernières années. Elles pensaient que diminuer le pouvoir des hommes allait leur en donner davantage. Aujourd'hui nous sommes de moins en moins dans un rapport de force. On est moins dans l'opposition et davantage dans la juste position.

De plus en plus d'hommes aujourd'hui décident de divorcer, la décision venait auparavant majoritairement des femmes. Selon vous, pourquoi ce changement ?

— Comme les femmes, ils divorcent pour se respecter, pas pour basculer dans une autre relation. Ils découvrent qu'il ne suffit pas d'aimer ni d'avoir fait des enfants. C'étaient les femmes qui avaient auparavant cette exigence : partage, réciprocité des sentiments, besoin d'une qualité de vie et d'échange, de présence sexuelle. En matière de sexualité, il y a beaucoup de carences aujourd'hui. C'est un phénomène dont on parle peu.

Quelles sont les nouvelles difficultés sexuelles des hommes d'aujourd'hui ?

— Moins d'appétence et même parfois impuissance liée souvent à des situations professionnelles : chômage ou mise au placard. Dans le milieu des jeunes cadres en particulier, c'est une situation insupportable qui retentit sur leur vie intime.

Quelle est la responsabilité des femmes dans cette perte de désir ?

— Je viens d'une génération où les femmes n'osaient pas dire leur désir sous peine de passer pour des femmes légères. Aujourd'hui, elles osent le dire, et leur désir n'est pas forcément monogame. Le désir des femmes ressemblait auparavant plutôt à un laser : un seul homme pour la vie, celui des hommes faisait plutôt penser à un radar, il balayait un champ plus vaste. Un homme qui dîne au restaurant avec une femme peut rarement s'empêcher de regarder une jolie fille qui passe. Aujourd'hui le désir des femmes est devenu lui aussi un radar.

N'est-ce pas plus excitant encore pour les hommes ?

— Ah non, au contraire, c'est menaçant. Ils ont peur de ne pas faire le poids.

Quelles sont les autres raisons de la perte du désir des hommes ?

— Le manque de confiance. Prenez le sport par exemple, qui était le domaine favori des hommes. Aujourd'hui, même quand on est très bon, on est très moyen ; on ne peut pas épater la galerie. La réussite sportive, la réussite professionnelle, la réussite dans le bricolage. Ces trois terrains d'élection où les hommes autrefois se valorisaient se dérobent sous leurs pieds. Ajoutez-y la nouvelle appétence sexuelle des femmes qui désormais n'hésitent pas à dire si l'homme est ou non un bon coup. Dans une soirée, j'ai entendu il y a quelques jours une bande de copines faire des commentaires à voix haute sur les hommes. Elles étaient féroces. Avec des femmes comme ça, il faut se sentir à la hauteur.

Que disaient-elles exactement ?

— Elles faisaient des commentaires crus sur leurs capacités sexuelles. Le regard qu'elles posaient sur les hommes était un regard de consommation, d'évaluation. Aujourd'hui, les femmes vous regardent la braguette. Les anciennes valeurs deviennent caduques. Il faut en trouver d'autres, relationnelles.

Que voulez-vous dire ?

— Les hommes sont de véritables encyclopédies lorsqu'on leur parle de leur santé. Ils connaissent leur taux de cholestérol, les vitamines qui leur sont nécessaires, mais ils ne connaissent pas leurs besoins relationnels. Les hommes aujourd'hui commencent à comprendre qu'ils ont des besoins et que, s'ils ne les montrent pas, s'ils ne les expriment pas, ils ne vont pas être entendus.

Quels sont ces besoins ?

— De se dire avec des mots à soi. D'être entendu, d'être reconnu tel que je suis, d'avoir besoin d'être valorisé. Autrefois les hommes pouvaient trouver beaucoup d'occasions de se valoriser et ils s'en emparaient.

Et aujourd'hui ?

— Aujourd'hui, il va falloir que les hommes reconnaissent leurs besoins, en témoignent et attendent cette confirmation.

Que conseillez-vous à un homme qui ne se sent pas valorisé ?

— De reconnaître son besoin et de l'exprimer. « Tu ne me dis jamais que j'ai changé de coiffure, que j'ai une nouvelle robe, que j'ai maigri », c'était auparavant la revendication des femmes. Aujourd'hui, c'est la revendication des hommes. Comme elles, ils ont besoin d'être reconnus, valorisés, appréciés, y compris dans leur vulnérabilité.

Quels sont les autres besoins relationnels des hommes d'aujourd'hui ?

— Besoin d'intimité (et d'avoir un jardin secret). Besoin d'exercer une influence sur l'environnement proche.

Quels sont les nouveaux rêves de ces hommes en mutation ?

— Une frontière vient d'être franchie. Les hommes avaient auparavant beaucoup de mal à s'engager. C'étaient les femmes qui demandaient la continuité, la permanence de la relation au-delà de la rencontre, prêchaient le couple. Aujourd'hui, les hommes veulent être rassurés. Ils pressentent que rien n'est plus définitivement acquis. Le mariage est une protection contre l'irrationnel. Un couple est un garde-fou, ce n'est plus une pression sociale. Il me semble que les hommes sont plus à la recherche d'une force de cohésion. C'était auparavant l'apanage des femmes.

Les hommes seraient donc davantage en recherche d'engagement dans la durée ?

— Oui, c'est comme un retour de balancier.

L'idéal de la femme de sa vie avec un grand F existe-t-il toujours ?

— Oui, mais les hommes sont à la recherche des certitudes. Comment faire pour que l'amour résiste à l'usure du quotidien ? Comment vivifier, réinventer l'amour pour qu'il dure ? C'étaient les femmes qui jusqu'alors avaient cette interrogation-là.

Qu'en est-il de la fidélité chez les hommes d'aujourd'hui ?

— Je vous ai parlé du passage du laser au radar chez les femmes d'aujourd'hui. Il me semble qu'à l'inverse les hommes sont en train de passer du radar au laser. Avec la conscience que la fidélité est double : fidélité à l'autre, fidélité à soi. Le mot maîtresse est en désuétude, on parle de relation tierce.

Dans la réalité, quelle différence ?

— Aujourd'hui, si un homme va vers une femme, ce n'est plus une démarche de conquête et de glorification de sa virilité. C'est davantage dans une tentative de réassurance. Par rapport à sa compagne. Aujourd'hui quand ils tombent amoureux, les hommes vont souvent décider de divorcer. Celles que l'on appelait les maîtresses attendaient autrefois vingt ans car leur amant restait avec la femme avec laquelle il ne faisait plus l'amour mais à laquelle il demeurait attaché. L'attachement était plus fort que les sentiments. Avant, si un homme ne quittait pas tout de suite sa femme, il ne la quittait jamais.

La structure à trois « mari, femme, maîtresse », si courante hier, serait donc en voie de disparition ?

— Je n'ai pas de chiffres, mais aujourd'hui il semblerait qu'il y ait plus de femmes mariées qui entretiennent une relation tierce que d'hommes. Les hommes d'aujourd'hui se sentent coupables de tromper leur compagne. Les femmes, non. Elles sont devenues moins monogames. Elles s'enferment moins dans « à toi pour la vie à jamais ».

Ces hommes en mutation aiment-ils ou non selon vous se faire draguer par les femmes ?

— Ils ont surtout peur de la drague-compensation des femmes fraîchement divorcées, en recherche de sécurité. Ils craignent qu'elles les immobilisent.

De quelle nouvelle manière les hommes aiment-ils se faire draguer ?

— Se multiplient les rencontres que j'appellerais de « l'ici et maintenant ». Pour le plaisir. « Je te propose une relation de rencontre si c'est bon pour toi et que tu es d'accord. » Les femmes s'y mettent aussi, je l'entends de plus en plus. Beaucoup d'hommes sont aujourd'hui l'objet de ce type de propositions. Elles leur plaisent parce qu'elles sont claires. Si je suis dans cette énergie-là, je dis oui. Sinon, cela permet de dire non sans blesser. C'est nouveau. Je vais dire un mot terrible : il y a moins de « pollution des sentiments ». Ce qui « polluait » autrefois ce type de relation, c'est que venait se greffer tout de suite un discours comme « je croyais que c'était une petite aventure mais je t'aime », et l'un faisait payer ses sentiments à l'autre en tentant de se l'attacher et de transformer une relation de l'ici et maintenant en une relation du lendemain et même peut-être du surlendemain. Quand on leur disait « Je t'aime », ces hommes entendaient « aime-moi » et prenaient la fuite.

Comment concilier le nouveau besoin de sécurité de ces hommes et leur goût pour les rencontres de passage ?

— En effet, il y a là un risque car ce sont les femmes qui osent aujourd'hui proposer des relations de plaisir et les hommes qui, devant cette nouvelle liberté d'être des femmes, si attirante pour eux, s'attachent. Et elles se dérobent, et là, pour l'homme, il y a souffrance et doute.

Quand ils séduisent, les hommes s'y prennent-ils comme avant ?

— Les hommes aujourd'hui apprennent à séduire en se montrant faibles et vulnérables. Et c'est tellement vrai que les femmes sont souvent séduites par des hommes divorcés ou au chômage. Beaucoup de relations se nouent de cette manière par e-mail. C'est en dévoilant leur propre vulnérabilité qu'ils séduisent. Avant ils la cachaient et tentaient de montrer une image d'eux-mêmes valorisante. Ensuite, au moment de la rencontre, c'était l'échec. Aujourd'hui, ils prennent le risque de se faire aimer à travers leur personne plutôt qu'à travers une image-écran. Ils montrent leurs points faibles, parfois un peu trop. Ils jouent les SDF du cœur.

Que recherche aujourd'hui un homme chez une femme ?

— J'ai envie de dire qu'il recherche la femme. Il ne cherche plus la maman qu'il n'a pas eue, la petite sœur ou la collaboratrice idéale. Il recherche le désir, les sentiments, la corporalité, la stimulation esthétique et spirituelle. Le goût de la vie et de la beauté. C'est le propre de l'amour de faire apparaître l'étonnement, l'émerveillement, le respect de soi. Les petites tricheries, mesquineries de la vie, ou les gestes comme se curer les dents ou tricher aux impôts vont disparaître sous l'effet de l'amour.

Le mot « virilité » pour vous a-t-il encore un sens ?

— Oui, mais il a changé de sens. Il ne s'agit plus de faire la preuve de sa virilité au sens de la sexualité ou de l'affirmation physique. Ce que cherche un homme chez la femme, la femme le recherche chez l'homme. Je vais me sentir plus homme dans ma globalité et pas seulement sous la ceinture.

Vous pouvez être plus précis ?

— Cette virilité touche l'ensemble de mes choix de vie, concerne mon ancrage, le fait d'avoir mes deux pieds sur la terre. C'est une virilité plus existentielle qui s'exprime davantage en termes de puissance que de force. Il ne s'agit plus de faire l'amour deux ou trois fois par nuit mais une seule fois de façon plus longue, plus pleine, plus intense. J'ai entendu récemment un homme dire : « Avant je faisais l'amour avec le bout de mon zizi et maintenant c'est dans la nuque, dans les genoux, partout. » Il était passé de l'éjaculation à l'orgasme.

Si les hommes sont de plus en plus féminins et les femmes de plus en plus masculines, qu'en est-il aujourd'hui de la différence homme-femme ?

— Plus une femme assume son masculin plus elle pourra se montrer par ailleurs féminine, et plus un homme assume son féminin, plus il pourra s'autoriser à se montrer aussi masculin. Je vous rencontre. Il y a notre couple apparent. Et puis il y a mon féminin qui va rencontrer votre masculin. Et votre féminin qui va rencontrer mon masculin. Mon masculin va rencontrer votre masculin ou entrer avec lui en compétition et mon féminin va se trouver inhibé ou stimulé par votre féminin si par exemple j'ai peur de passer pour une lavette. Ce qui fait qu'en tout, il y a au moins cinq couples en présence. Une plus grande palette de possibilités a remplacé avantageusement les mécanismes de compétition, d'annulation et d'inhibition qu'il pouvait y avoir autrefois.

DAVID

« J'ai une femme extraordinaire. »

Il est peintre et vidéaste. Son univers, c'est le sexe. Un sexe intellectuel, artistique, réfléchi. Militant. David est un artiste. Il veut réinventer les représentations de la sexualité dont la pornographie aujourd'hui présente selon lui une vision caricaturale. En 1995, il a conçu sa première œuvre multimédia dans le cadre d'une exposition « masculin-féminin ». Une interrogation sur « le tabou majeur de la représentation artistique qu'est le sexe féminin ». David a trente-sept ans. Il n'a pas d'enfant. Et vit avec Alexandra depuis bientôt vingt ans. Il voulait dans un premier temps témoigner à visage découvert, mais à la relecture de son interview, il a changé d'avis.

Que pensez-vous de ma démarche : écrire un livre sur les hommes ?

— Hommes et femmes comme catégorie générale, s'il n'est pas question de faire des enfants, ne me semble pas pertinent. Me mettre dans le clan des hommes face aux femmes ne correspond pas à ma démarche. Je n'ai donc pas grand-chose à dire sur ce que veulent les hommes ni sur ce que veulent les femmes. Je peux seulement parler de ce que je veux moi.

C'est exactement ce qui m'intéresse...

— La première attente que j'aie avec une femme est en fait la même attente qu'avec un homme. J'attends qu'une relation s'instaure avec un minimum de surprise, d'étonnement, de respect et d'intérêt mutuel. Je ne suis pas homosexuel. C'est là que la question du féminin intervient. Une femme est un être avec qui je peux aussi avoir une relation sexuelle. Est-ce que quelque chose de sexuel est possible ou pas ? Va se passer ? Est dans l'air ? En général, la réponse est donnée presque instantanément. Le désir est pour moi un phénomène mutuel. Il ne peut pas être issu d'un seul être. Si un être est dans le désir et l'autre pas, on est dans la situation du drame, de la tragédie ou du viol. Ou du chagrin. On n'est plus dans le désir.

Ne peut-on pas parfois se tromper sur la nature d'un désir ?

— Ce que j'ai estimé être du désir s'est toujours révélé être du désir. Après, on n'est pas obligé de « baiser ». « Baiser » est seulement un des cas de figure de la relation sexuelle. La relation sexuelle, cela peut être de s'envoyer des courriers, de déjeuner ensemble, un échange de regards l'espace d'une fraction de seconde.

Vous êtes marié. Etes-vous fidèle ?

— Je me sens extrêmement fidèle à ma femme dans la mesure où cela fait dix-neuf ans que je l'adore. Elle est la femme que j'aime, il n'y a pas de doute là-dessus. J'aime sans discontinuer cette femme depuis dix-neuf ans, et je l'aime je crois mieux aujourd'hui que les premières années où nous étions ensemble. La fidélité sexuelle, puisque c'est la question posée, n'a jamais été une question ni un enjeu entre nous. Et donc je n'ai ni à dire que je suis infidèle ni à dire que je suis fidèle. Je suis libre de faire ce que je veux par rapport à ma femme.

Et elle ?

— Pareil.

Qu'en dit-elle ?

— Rien parce que notre contrat, c'est : tu-fais-ce-que-tu-veux-mais-tu-es-discret-je-ne-veux-rien-savoir. Le jour où je viendrai à la maison avec une maîtresse, quelque chose aura changé. Je ne l'ai jamais fait. Elle ne l'a jamais fait non plus. Je ne pars jamais sans dire où je vais. Nous avons une vie assez claire l'un vis-à-vis de l'autre, mais avec des zones d'ombre qui nous permettent à chacun de faire ce que l'on veut.

Faire l'amour avec d'autres femmes, cela perturbe-t-il ou cela stimule-t-il vos relations sexuelles ?

— C'est totalement indépendant. Je ne pense pas aux autres femmes quand je suis avec ma femme. L'inverse est vrai aussi. Nous ne sommes pas un couple partouzeur par exemple, cela ne me viendrait pas à l'idée de vouloir voir ma femme baisée par un autre. Cela me déplairait même profondément. Maintenant, nous n'avons pas de principe qui nous l'interdise. La seule question est : en a-t-on envie, est-ce un désir ?

En dix-neuf ans, vous n'êtes jamais tombé amoureux d'une autre femme au point de...

— ... d'avoir envie de quitter la mienne ?

... de l'aimer autant que la vôtre ?

— Non. Je ne me suis jamais retrouvé dans la situation d'avoir une maîtresse avec laquelle je vais dîner tous les soirs, avec laquelle je pars en vacances en vivant caché de ma femme. Et je pense que cela ne m'arrivera pas.

Qu'est-ce qui vous fait dire ça ?

— Je ne le désire pas. Je suis assez satisfait et même

super satisfait et extasié de ma vie conjugale. Si ma femme a d'autres relations que la nôtre, je ne veux pas le savoir, je ne veux pas que cela me perturbe. De mon côté, c'est la même chose. Et je suis assez ravi qu'elle n'ait pas envie visiblement de me surveiller. J'ai le sentiment d'avoir une femme extraordinaire. Avec elle, les relations intellectuelles, sentimentales, sexuelles, humaines de manière globale sont fortes, intenses. C'est plutôt miraculeux de se réveiller chaque matin en se disant : « Tiens elle est là, elle m'aime encore. » Je suis étonné que cela dure, avec le sentiment que c'est incroyablement fragile, comme le sont nos vies, comme tout ce qui nous semble tellement bon. C'est tellement fragile, tellement prêt à disparaître ! Le tragique est là virtuellement.

Vous dites aux autres femmes que vous êtes marié ?

— Toujours.

Est-ce mal vécu ?

— Non, les femmes que j'ai connues étaient extraordinairement intelligentes et ouvertes et comprenaient très bien de quoi il s'agissait.

Vous est-il arrivé d'avoir des aventures qui ont duré ?

— Non, en revanche il y a des femmes avec lesquelles par exemple je n'ai jamais fait l'amour mais avec qui j'ai des relations extraordinairement intenses érotiquement depuis des années. Et nous n'avons jamais baisé. En même temps il peut y avoir des caresses, des baisers, des échanges. J'ai même une relation aujourd'hui sur Internet avec une femme que je n'ai jamais rencontrée du tout. On s'est croisés sur le web un jour et on est devenus amis réellement. Elle m'adore. Je connais sa vie en détail. Et elle me dit des choses sur elle qu'elle n'a jamais dites à personne. Je la crois volontiers. Nous avons assez envie de nous rencontrer, nous aurions pu le faire mille fois car elle habite à dix minutes à pied d'ici, mais nous ne l'avons jamais fait. Et c'est une très belle relation. Si on lisait sur mon courrier électronique, on se dirait : « Oh ! là ! là ! c'est la plus grande histoire d'amour de sa vie. »

De la sienne ou de la vôtre ?

— De la sienne. Je lui ai toujours dit ce qu'il en était. Il y a dissymétrie. Elle n'a jamais vécu avec un homme, je suis marié. Cette fille connaît mon visage, je ne connais pas le sien, je ne sais pas à quoi elle ressemble.

Comment cela se fait-il ?

— Elle m'avait demandé de lui envoyer une photo et je l'ai fait. Et après je lui ai demandé d'envoyer la sienne et elle n'en avait pas. A force d'insister, un jour je lui ai dit : « Je m'en fous, ça m'est totalement égal. La seule chose qui me gênerait c'est que tu sois un mec. » Elle m'a appelé souvent au téléphone donc je sais que c'est une fille.

Le sexe pour vous est-il indépendant des sentiments ?

— Pour moi, il est impossible d'avoir une pulsion sexuelle sans que des émotions et des sentiments s'en mêlent, ou en soient issus. En revanche, on peut très bien éprouver un désir que la pratique sexuelle rende ensuite insignifiant. Pas parce qu'elle s'est faite mais parce que, s'étant faite, elle a montré son insignifiance. Quelque chose n'était pas fait pour aller de ce côté-là, et donc on ne recommencera pas, mais je n'ai jamais fait l'amour avec une fille dont je n'étais pas au départ amoureux.

Qu'appelez-vous « amoureux » ?

— Etre amoureux, c'est être enchanté par l'autre. J'ai dit à trois femmes dans ma vie que je les aimais.

Quand vous êtes attiré sexuellement par une femme, ne s'agit-il pas plus d'une émotion que d'un sentiment ?

— Oui. Un sentiment, c'est une émotion qui se traduit dans la durée. Je n'ai jamais utilisé la durée comme critère. Je ne l'ai jamais considérée comme une qualité en soi.

Comment la durée peut-elle être un critère ?

— Beaucoup la prennent comme point de départ d'une relation. Les petites annonces en sont pleines : « Je cherche quelqu'un de sérieux pour amour durable. » A l'inverse, le fait que notre histoire avec Alexandra dure dans le temps prouve qu'il y a un sentiment. Quand j'ai rencontré Alexandra, nous avons fait l'amour trois heures plus tard. C'était irrépressible, mais on ne peut pas dire qu'au bout de trois heures on en soit au stade du sentiment développé. Les sentiments se cultivent. C'est comme une fleur qu'il faut arroser. Si tu décides de ne pas l'arroser, elle ne s'épanouit pas. Encore faut-il que la graine soit là. La durée n'est vraiment pas un critère. Je trouve que la durée est un cadeau mais pas en soi, c'est un cadeau pour le nombre d'extases qu'elle nous a permis de vivre.

Vous voulez dire que la durée pour vous n'est jamais un dû ?

— Ni un dû ni même un objectif. L'idée que cela puisse être un objectif me hérisse. Mais ce choix de vie que nous avons fait, Alexandra et moi, est lié à celui de ne pas avoir d'enfants. Nous portons un soin extrême à notre relation, et la venue d'un enfant, me semble-t-il, rendrait cela difficile car ce soin s'adresserait alors à l'enfant. Nous ne sommes pas dans un projet familial qui consisterait à se responsabiliser face à un enfant qu'il faut élever jusqu'à dix-huit ans.

Alexandra non plus ne voulait pas d'enfant ?

— C'est elle qui n'avait pas envie d'avoir un enfant. Moi, je suis plus conventionnel, et si elle en avait réclamé, vu l'amour que j'éprouve pour elle, j'aurais accepté, même si objectivement je n'en ai jamais eu envie. Je n'ai jamais fait l'amour avec une fille sans me préoccuper du moyen de contraception. J'ai toujours pris d'énormes précautions pour que cela n'arrive pas. Je devais donc être assez enclin à ne pas avoir envie que cela arrive.

Vous êtes artiste. D'une certaine manière, vous faites des enfants tous les jours...

— Non, mon meilleur enfant, c'est ma femme. Un cadre familial classique m'interdirait la liberté d'esprit. La question n'est plus de savoir quelle planète nous allons laisser à nos enfants mais quels enfants nous allons laisser à la planète. Nous sommes en bout de course d'un modèle. De quel type de mode de vie veut-on ? C'est quoi une sexualité réussie ? Toutes ces questions sont aujourd'hui posées. Elles sont devant nous, et il m'est plus facile d'oser y réfléchir sans être responsable d'un enfant.

Avoir un enfant, cela ne vous ferait-il pas peur ?

— Oui, c'est aussi une crainte. Je trouve cela très difficile. La relation de mes parents n'était pas une relation satisfaisante. Leur couple n'était pas terrible. Certes, ils avaient fondé une famille. Nous vivions heureux, bien élevés, mais je ne trouvais pas que leur couple en tant que tel soit une réussite. Et le clou de ce couple foireux, c'était d'avoir une famille. Cela a joué le rôle de repoussoir pour moi. Je n'ai pas envie de m'y mettre.

Quelles sont les femmes que vous trouvez belles ?

— Je n'ai jamais vraiment trouvé belle une femme que je ne trouvais pas intelligente. Cela ne va pas de soi.

Beaucoup d'hommes sont troublés par une femme qui a l'air idiot. J'insiste sur le fait que cela ne m'est pas arrivé. Et l'intelligence, pour moi, se partage. C'est comme le désir. Si on est « en bonne intelligence », c'est que l'on s'entend bien. A partir de ce moment-là, une femme a une chance de me charmer.

Avez-vous déjà été attiré par des filles intelligentes mais laides ?

— Oui (*catégorique).*

Vous avez déjà été attiré par des hommes ?

— A l'adolescence, quand j'avais quatorze-quinze ans, j'étais superféminin d'apparence. Enormément de garçons me tournaient autour avec un discours du type : « Tu es fais pour ça, il faut que tu essayes. » J'ai essayé quelquefois et cela ne m'a pas plu. Je n'étais attiré que par les filles.

Sur le plan financier, c'est Alexandra qui gagne l'argent du ménage...

— Qui gagne le plus.

Cela ne vous gêne pas de gagner moins qu'elle ?

— Cela ne me gêne pas. Cela me gênerait si cela devenait un enjeu de pouvoir. Si par exemple je sentais qu'elle avait sur moi une emprise à travers l'argent. Là, ce serait un problème. Et je n'ai jamais éprouvé cela.

Au quotidien comment ça se passe ? Vous avez un compte commun ?

— Oui, nous avons un compte commun. Nous sommes mariés sous le régime de la communauté de biens. Tous nos revenus y sont versés, et chacun y puise ce dont il a besoin. C'est assez fluide.

Il n'y a jamais eu d'histoires d'argent entre vous ?

— Je n'ai pas souvenir d'un conflit autour de l'argent. Cela dit, nous sommes un couple qui se dispute beaucoup par exemple.

Ah, oui ? Pourquoi ?

— Il y a des couples où règnent un grand silence, et une grande sérénité. Ce n'est pas notre cas. Dans notre maison, nous discutons. Nous pouvons nous engueuler sur des sujets politiques, sociaux, moraux, tout fait débat. On a d'ailleurs une devise dans la famille depuis quelques années qui est : « Tolérance zéro. »

Vous constatez un changement dans le comportement des hommes par rapport aux femmes ?

— Je vois autour de moi beaucoup d'hommes malheureux dans leur relation aux femmes. J'en vois aussi beaucoup qui en veulent aux femmes. Ils ont le sentiment que les femmes veulent tout. Le beurre et l'argent du beurre. Elles sont superexigeantes. Et pas très généreuses, pas très intéressées par les autres, très autocentrées, c'est un discours que j'entends. Je ne peux rien dire parce que je n'ai pas cette expérience.

Est-ce la femme selon vous qui a pris le pouvoir ces dernières années ?

— Oui, je crois. Et je l'ai accepté d'une certaine façon. Et même je le souhaite. Peut-être que je le mets en scène émotionnellement. Avec une femme que l'on aime, on peut décider de placer ses relations sur le mode de l'adoration. L'adorer signifie qu'on la met sur un piédestal, qu'on lui accorde des grâces, des privilèges que l'on ne s'accorde pas à soi. On lui donne *ce* pouvoir, pas tout pouvoir. Le pouvoir d'être adorée.

Comme une idole ?

— Oui, si vous voulez, mais je suis assez dictatorial aussi. Mon adoration se paye d'un certain prix. Je peux être parfois assez pénible. C'est même vital pour moi d'imposer mon temps, qui je suis. Jamais je n'ai reculé sur ce qui est important pour moi. Non. Il faut me prouver que j'ai tort. Je suis prêt à l'admettre, J'aime bien sortir d'une discussion en ayant changé d'avis. Il y a des moments où je lâche prise quand je sens que c'est mieux pour nous deux. Je ne lâche pas en me disant : « C'est mieux pour elle. »

Vous pouvez donner un exemple ?

— Par exemple, Alexandra est une femme d'ordre au sens domestique. Elle veut que notre maison soit bien rangée, jolie. Moi, je suis un porc comme sont souvent les hommes. Quand Alexandra part quinze jours en voyage, la maison se dégrade rapidement. Ou j'impose mon ordre de mâle et je dis : « Si ça t'importe de faire la vaisselle fais-là, moi je ne la fais pas », ou je me dis : « Elle va rentrer et ça va la foutre en pétard. » Et là, j'évalue.

Est-ce que les relations sexuelles sont aussi bien au bout de dix ans qu'au début ?

— Elles sont mieux qu'au début. Elles ont toujours été bien. Nous ne serions jamais restés ensemble si cela n'avait pas été excellent dès la première nuit. Une femme avec le temps devient de plus en plus merveilleuse, sensuelle.

Vous est-il déjà arrivé de faire l'amour avec une femme et de la mépriser avant, pendant ou après ?

— Non, mais de ne pas me sentir proche d'elle, oui. Le pourcentage de femmes avec qui je me suis extraordinairement entendu sexuellement est faible. Ce n'est pas le lot commun. Je n'ai pas éprouvé ce sentiment avec beaucoup de partenaires. Il y en a avec qui c'est bien, d'autres avec qui c'est raté, et il y a un tout petit nombre avec lesquelles c'est extraordinaire.

Est-ce important pour vous d'attendre de se connaître avant de faire l'amour ?
— Je n'ai jamais eu ce critère. Avec les femmes qui ont compté dans ma vie, cela a démarré très vite. Autant de mon côté que du leur. Par ailleurs, en faisant l'amour très vite, c'est parfois raté, réussi, sublime. Je n'ai jamais vécu dans l'attente.

Vous n'avez jamais fait la cour à une fille ?
— Si, mais... quelques heures. Faire l'amour, c'est la première chose que l'on devrait faire après avoir rencontré une femme. On devrait être davantage comme les singes bonobos. J'ouvre la porte, salut, on se déshabille, on baise et après on discute : « Tu t'appelles comment ? » Après cela, on saurait si on est faits pour s'entendre.

Une fois qu'elle s'est donnée, la femme ne perd-elle pas souvent tout attrait ?
— Non. Un homme, quand il est avec une femme, a des angoisses. En premier lieu, vais-je être à la hauteur ? Vais-je être performant ? S'il a réussi à bander, victoire ! Ensuite la femme risque de le comparer à d'autres hommes. Etait-il mieux ou moins bien que le dernier ? Est-ce que c'est un bon coup, un mauvais coup ? Les femmes parlent entre elles. J'en ai entendu certaines dire : « C'est un super amant. »

Pour beaucoup de femmes, ce n'est pas l'essentiel. Certaines peuvent être amoureuses d'un homme qui n'est pas un bon amant...

— C'est effrayant, il faut les rééduquer ! Il y a chez certaines femmes une économie de la relation sexuelle qui me déplaît. Elles se disent : « Toi tu auras du plaisir, moi je n'en aurai pas. » En conséquence, l'homme doit compenser cette absence de plaisir par des sentiments, un avenir et je ne sais quoi d'autre. Je trouve ce troc sinistre. C'est pour cela que la sexualité immédiate est si importante. Parce que l'on sait où on en est. Si la nana a pris son pied avec moi, on est à égalité. Si moi j'ai eu une triste éjaculation parce que je n'ai pas réussi à la faire jouir, on est encore à égalité, car ma jouissance était de bien piètre qualité. Faire l'amour, c'est savoir ce que se disent les molécules. Je rencontre quelqu'un, j'ai ou non du désir. Supposons que je fasse l'amour avec cette personne. Là, les chemins se redivisent : ça valait le coup ou pas. Et ensuite, ça valait le coup une fois, deux fois, dix fois, mille fois.

Qui est la dernière femme avec qui vous avez fait l'amour ?
— C'était à Paris. Vous voulez savoir quoi exactement ? Ce que j'ai éprouvé ?

Non. Ce que vous connaissez d'elle que vous ne connaissiez pas avant...
— C'était une choriste. Elle était venue enregistrer une voix. Une heure et demie avant je ne la connaissais pas. Et une heure et demie après on a fait l'amour ensemble. Ce que l'on éprouve quand on a fait l'amour avec quelqu'un ? Une sorte de gratitude mutuelle, de la tendresse. On a franchi en l'espace de quelques secondes des années-lumière de construction d'intimité dont notre vie sociale nous sépare. En quelques instants vous êtes nu, elle est nue, elle sait comment vous êtes, ce que vous éprouvez, et vous recevez d'elle une sorte d'information animale tout

aussi élémentaire. La connaissance pour moi est instantanée, totale, complète. D'autant que, en amour, l'expérience que l'on se trimballe est souvent un handicap.

Que voulez-vous dire par là ?
— C'est comme pour la création. Plus on se repose sur ce que l'on sait faire, moins on est capable de créer. « L'expérience est une lanterne qui n'éclaire que le chemin parcouru », dit un proverbe chinois.

Donc demain vous pouvez décider de vivre tout à fait autrement...
— Le problème se pose actuellement. Je suis en train de le vivre. Je vois actuellement surgir dans mon travail de nouvelles relations avec des femmes. Et je ne sais pas quelles conséquences cela va avoir sur mon couple. J'ai la sensation que les choses sont imminentes. Des choses vont m'arriver dans ma vie, dans mon travail, qui ont un lien avec ma relation aux femmes.

Avez-vous en ce moment même une relation sexuelle ou amoureuse avec une femme autre que Alexandra ?
— J'ai une histoire sexuelle très intense avec une femme autre que Alexandra dans le contexte de mon travail. Ce n'est pas dans un contexte sentimental. Je ne dis pas qu'il n'y a pas de sentiments, mais pas question qu'elle devienne ma maîtresse au sens classique du terme. C'est néammoins très intense.

Et de son côté ?
— La même chose.

Elle est mariée ?
— Oui, et elle a des enfants. Avec elle, c'est assez spécial car c'est une femme avec qui je travaille réellement, et ce travail en commun est comme un lieu de transcendance

autour de la sexualité. Ce qui fait que cela devient très fort. Je n'ai pas couché avec elle.

Comment pouvez-vous dire que vous avez une relation sexuelle sans jamais avoir couché ensemble ?

— Il n'y a pas énormément de femmes avec qui je fais l'amour au sens de la pénétration. Cela reste exceptionnel. La pénétration, c'est ce qui qualifie le viol. On franchit le corps de l'autre. C'est la frontière. Mais je trouve que c'est une façon normative de qualifier la relation sexuelle. Par le passé, je me suis souvent observé en train de faire l'amour avec des femmes par politesse. Nous avions été câlins, séduisants et séduits au point que, à un moment donné, il fallait faire l'amour. J'ai même eu cette idée monstrueuse un jour de me dire que beaucoup de gens avaient attrapé le sida par politesse ! La question de la pénétration a souvent tendance à évacuer le reste. La relation sexuelle se réduit alors à cela. Cela se termine par des rendez-vous d'une heure à l'hôtel pour se pénétrer (*rires*). L'idée de cette baise obligatoire a commencé à m'ennuyer. Je suis au fond plus intéressé par l'érotisme que par la pénétration. Cette sexualité pénétrante, je l'ai avec ma femme. Avec elle, cela m'éclate. Avec les autres, j'ai envie d'explorer tout le reste. Il y avait au Moyen Age cette chose merveilleuse qui s'appelait l'amour courtois. Tout le jeu consistait à faire tout sauf cela. C'est un jeu que j'aime bien. C'est comme une autre manière de pouvoir s'aimer les uns les autres. La latitude des gestes est beaucoup plus large et ample. Il y a beaucoup de filles par exemple que j'embrasse sur la bouche. Cela commence par là. Cela m'arrive dans une soirée de rouler un patin à une fille que je ne connais pas.

Rouler un patin à un homme dans une soirée, cela peut être le début d'une histoire d'amour...

— Vous croyez que j'ai dispersé comme ça des promesses de mariage virtuel ? Pour moi, la sensualité doit pouvoir trouver à s'exprimer de bien des façons. On a tort justement de vouloir mettre des normes là-dessus. Que la pénétration devienne une rareté, c'est une manière de la valoriser. Il existe tant de manières d'avoir des relations humaines dans lesquelles les sens sont éveillés. J'aime préparer à manger à mes amis, j'aime les masser par exemple. Presque tous les amis qui passent à la maison se retrouvent à un moment donné avec mes mains derrière leurs épaules et je les masse. Et ils adorent. J'aime ça. J'embrasse. Je suis câlin, je les serre dans mes bras, garçons et filles...

Garçons et filles ?

— Oui. J'embrasse beaucoup de garçons... J'ai plein d'amis garçons que j'embrasse sur la bouche. Presque toutes mes amies filles, je les embrasse sur la bouche. Et puis, avec quelques-unes, on se fait de vrais baisers. C'est une manière de se dire : « Je t'aime, tu me plais. » On n'est peut-être pas faits pour vivre ensemble, on a chacun nos vies, mais pourquoi s'interdire ce plaisir ? C'est pour ça que la chaîne ininterrompue qui mène du premier baiser au premier rendez-vous, du premier rendez-vous à la pénétration, de la pénétration au mariage et du mariage à la tombe, m'emmerde. La vie, c'est précisément savoir danser autour de cela, jouer avec. Cette femme dont je vous parle, je ne me suis jamais interdit de la baiser.

Alors pourquoi ne pas l'avoir fait ?

— Cela fait des mois que l'on vit un trip superérotique. Ce n'est pas un interdit, c'est une frontière. Nous ne sommes pas des enfants. On peut très bien baiser, ce n'est pas la question. C'est un cas de figure, ce n'est pas une loi. Le cas de figure inverse est très fréquent. On baise et on ne fait pas du tout tout le reste. Que se passe-t-il quand on ne le fait pas ? On fait des milliards d'autres trucs. Par exemple, des chansons. C'est de la sublimation.

Vous l'avez décidé ensemble ?

— Non. Cela s'est fait tout seul. A un moment donné, on l'a remarqué. C'est une femme fidèle. Elle aime son mari et certainement éprouve une tension dramatique. Etre pénétrée voudrait dire le tromper vraiment. C'est devenu pour elle un enjeu. C'est la raison pour laquelle je l'ai mise de côté. Rien n'est obligatoire. Ni la pénétration, ni rien. Tout doit arriver naturellement, pour des raisons presque internes. Et essayer de trouver ces raisons internes, de les laisser vivre, ce n'est pas évident. On est souvent prisonnier de schémas. J 'ai vu cette jeune femme être troublée, se trouver dans un élan de désir, et je me suis demandé comment laisser ce désir, oxygène formidable, en elle et en moi aussi. Que faire dans la mesure où elle a des enfants, elle aime son mari, j'aime ma femme et il n'est pas question de tout remettre en cause. On a placé la pénétration comme étant le centre et l'épicentre de la sexualité. Alors que pour moi l'épicentre de la sexualité n'est pas la pénétration. L'épicentre, c'est le plaisir. La pénétration est un cas de figure.

Beaucoup d'hommes ont l'impression de posséder une femme après l'avoir pénétrée. Qu'en pensez-vous ?

— Le mot « connaissance » me paraît plus juste. Posséder, c'est un fantasme esclavagiste de domination. La pénétration crée un avant et un après définitifs. Tant qu'elle n'a pas eu lieu, on est encore dans l'avant, et l'avant est merveilleux. Une fois que l'après a eu lieu, on sait si oui ou non on est faits pour s'entendre physiquement. On a posé le pied sur la lune ou on n'a pas posé le pied sur la lune. Il y a un avant et un après. C'est fait.

Qu'est-ce que vous aimez qu'une femme vous dise pendant l'amour ?
— « Hum que c'est bon », « merveilleux », « encore encore », « plus, plus ». Le meilleur, c'est d'avoir l'impression d'apporter du bonheur à l'autre.

Et pour conclure, au-delà de la sexualité, qu'est-ce que vous attendez d'une femme ?
— Qu'elle me précède dans mes désirs. C'est ce que j'attends de l'amour.

Comme une mère qui précéderait vos besoins ?
— Oui c'est ça. Et inversement, j'aime devancer les désirs d'Alexandra. J'attends cela d'une femme, qu'elle m'invente le désir. Une femme frigide, il y a peu de chance que l'on fasse de vieux os ensemble.

Peu d'hommes rêveraient d'une femme frigide.
— Pas si sûr. Il y en a que cela ne préoccupe pas, et d'après ce que j'entends dire, il y en a un paquet. Longtemps on a dit des hommes qu'ils étaient indifférents à la jouissance des femmes, je pense que c'est faux, que les hommes ont toujours su que les femmes pouvaient jouir mais qu'il est bien plus facile d'accepter d'être considéré comme un salaud que comme un incompétent.

Quoi d'autre ?
— Il faut qu'elle m'adore, qu'elle apprécie mon travail. Il faut qu'elle m'aime. Non, je le répète, qu'elle m'adore.

Qu'elle soit indépendante ?
— Oui et qu'elle ait un sacré putain de caractère. Que l'adoration soit accompagnée d'insolence à mon égard est indispensable à la survie de notre affaire.

Quelque chose que vous auriez envie d'ajouter ?
— Je voudrais dire que les hommes aiment les salopes. La salope est mal comprise par les femmes et sans doute aussi mal comprise par beaucoup d'hommes. Qu'est-ce qu'une salope ? Une salope est une femme qui aime la sexualité et aime faire l'amour souvent. Qui est même assez intéressée par la sexualité pour vouloir essayer plusieurs hommes et éventuellement plusieurs hommes en même temps. Pour l'homme c'est extraordinaire parce que faire l'amour avec une femme qui fait la planche n'a rien à voir avec faire l'amour avec une femme qui adore ça. Il n'y a pas de commune mesure. La salope, tous les hommes rêvent d'en rencontrer, et ceux qui ont la chance d'en rencontrer sont les plus heureux des hommes. La tragédie, c'est que la salope est par définition infidèle. C'est le drame de la jalousie, exactement comme pour les hommes. C'est pour cela que le mot devient méchant. Voilà une femme avec laquelle tu ne peux pas fonder un foyer, qui ne peut pas être la mère de tes enfants. Il est certain que la salope, c'est la femme idéale jusqu'au moment où on veut se marier.

Vous tomberiez amoureux d'une « salope » ?
— Oui. J'ai toujours valorisé les filles qui avaient une sexualité vivante, conquérante, sûres d'elles-mêmes sexuellement et sans honte.

Celle que vous appelez une « salope », vous la respectez ?
— Ah oui. Pour moi c'est elle la femme la plus respectable. Clairement.

Au lit, vous aimez dominer ?
— C'est vrai que, dans une situation sexuelle, j'ai besoin d'incarner une certaine puissance. J'ai envie d'être puissant, et j'ai envie que l'on sente que je suis puissant. C'est

un vrai fantasme. Et j'ai envie de l'autre côté que ce soit souple. C'est la puissance et la souplesse qui se rencontrent. La grosse brute est une possibilité virtuelle qui est là, qui est assez peu exploitée, mais qui est là, elle existe. La bête est là mais on la tient en bride.

Et la femme, y a-t-il une bête en elle aussi ?
— Oui. Si on veut être précis dans les animaux que l'on porte en soi, je me sens parfois comme le taureau en face d'une biche. A d'autres moments, ce sont deux singes. J'aime bien que dans la sexualité l'animalité resurgisse. Elle surgit quand on a lâché nos contraintes, que c'est vraiment le corps et l'esprit sauvage qui se sont emparés de nous. C'est un zoo.

Peut-on inverser les rôles ?
— Non. En revanche le sentiment d'une virilité chez la femme oui, et d'une puissance. Par exemple si on veut être précis, toucher un clitoris pour moi c'est exactement comme quand on me touche la bite. J'ai la même sensation. Une femme qui fait actuellement un film sur le clitoris m'a récemment posé la question : « A quoi te fait penser un clitoris ? » et j'ai répondu : « A ma bite. » Ce qui peut y avoir de plus viril en moi peut aussi exister à une échelle plus fine chez la femme et avec la même tension. Une tension qui évoque la puissance.

Comment voyez-vous l'avenir avec cette femme avec qui vous entretenez une relation ?
— C'est une relation très forte émotionnellement, intellectuellement, physiquement, c'est très intense, très complet. En même temps, je ne veux pas que cela dérange ma vie sentimentale. Ma femme s'entend bien avec elle, je travaille avec elle. Cela se passe super bien, on a une super entente. Il semblerait qu'on ait les mêmes genres d'attente, tout va pour le mieux. Et dans ce « tout

va pour le mieux », il y a quelque chose d'inquiétant. Je ne peux pas connaître l'avenir mais je suis vraiment fou de ma femme, et c'est la chose la plus importante pour moi actuellement.

GUY CORNEAU

« La révolution a vraiment commencé. »

Au Québec, le psychanalyste Guy Corneau est une star. Dans un pays de six millions d'habitants, ses livres se vendent à des dizaines de milliers d'exemplaires, et en France à plusieurs centaines de milliers. Partout où il passe, les salles de conférence sont archipleines. « J'ai eu l'impression que vous m'avez parlé à moi personnellement », lui dit-on souvent. Son secret ? Peut-être le précepte « médecin, guéris-toi toi-même ». Dans ses livres, il parle de ses propres angoisses, de ses doutes, de ses peines de cœur. Dans La Guérison du cœur[1], *il raconte une maladie grave à laquelle il a survécu. Il sait dire avec simplicité des notions parfois complexes. La plupart de ses livres sont aujourd'hui des références. Son tout premier,* Père manquant, fils manqué[2], *est aujourd'hui un classique. Depuis, Guy Corneau est devenu le fer de lance d'une nouvelle génération d'hommes qui sait exprimer sentiments et émotions. Il a été le premier à créer des groupes d'hommes et fondé « cœur.com productions » dont la principale vocation est de permettre et de favoriser « l'ouverture du cœur ». Yeux noirs, cheveux noirs, souvent habillé d'un pantalon et d'une chemise noirs, le psychanalyste Guy Corneau fait*

1. Editions Robert Laffont, 2000.
2. Editions de l'Homme, 1979.

figure de démiurge. Il annonce « le crépuscule des patriarches » et incarne une nouvelle race d'hommes qui sait conjuguer les pôles masculin et féminin de sa personnalité.

Pensez-vous que les hommes soient de plus en plus en train de changer ?

— Je l'espère. A mon sens, ils ont encore un coup de barre à donner. Les hommes doivent se réveiller.

Qu'entendez-vous par là ?

— Rapide rappel historique : le patriarcat reposait, dans ses pires aspects, sur la dévalorisation non seulement des femmes mais des valeurs féminines. Dans un premier temps, les femmes ont donc eu besoin de se faire valoir, d'affirmer : « Nous sommes des personnes, pas seulement des mères et des épouses. Et nous avons des compétences égales. » Pour se mettre en mouvement, elles ont dû activer ce que l'on pourrait appeler « le masculin en elles », leurs énergies actives, sortir de l'attente par rapport aux hommes, et en particulier de l'attente du regard des hommes pour sentir qu'elles sont des femmes.

Or, les hommes n'ont pas suivi. Au lieu d'animer, eux, leur partie « féminine », c'est-à-dire leur rapport à la sensibilité, la communication, leurs sentiments, leurs émotions, l'organisation de la famille, l'accueil des enfants, ils ont assisté, passifs, à la remise en question de pouvoirs et de privilèges qu'ils croyaient définitivement acquis. Beaucoup trop d'hommes encore aujourd'hui ne trouvent pas valorisant de s'occuper de la famille, des enfants, et ont du mal à lever les conditionnements qui les empêchent de partager leurs sentiments ou leurs émotions. Si le patriarcat réprimait tout l'aspect féminin, il aliénait surtout les hommes d'une grande partie d'eux-mêmes.

Vous voulez dire que le patriarcat aliénait non seulement les femmes mais aussi le « féminin intérieur » des hommes ?

— Oui, mais je n'aime pas ce terme. Les mots « féminin » et « masculin » nous ramènent toujours à des stéréotypes du début du siècle – par exemple à la femme traditionnelle qui reste au foyer pour s'occuper des enfants –, et cela ne fonctionne pas.

Vous préférez parler d'*anima* et d'*animus*, plutôt que de « féminin et de masculin intérieurs » ?

— Exactement. Sinon, vous identifiez sensibilité et féminin, et ce n'est pas juste ! Vous avez, par exemple, des hommes qui ont été élevés par des féministes et qui ont donc épousé d'entrée des valeurs féminines. Et ils se retrouvent quand même en difficulté parce que, chez eux, le masculin n'a pas été assez activé. Ces hommes très très doux, dont les qualités viriles n'ont pas été affirmées, par quelle sorte de femmes vont-ils être attirés ? Par des femmes affirmatives, autoritaires. Pas par le modèle traditionnel féminin.

En quoi consiste alors ce grand chambardement des hommes dont vous êtes le précurseur ?

— Il s'agit vraiment de revendiquer l'idée que, hommes ou femmes, nous sommes tous capables de devenir des êtres humains à part entière avec une sexualité, une affectivité, une intelligence et une spiritualité. C'est cela qui est aujourd'hui en jeu. Jusqu'à présent, nous vivions souvent ces aspects de notre personnalité par procuration et en pièces détachées.

Selon vous, où en sont aujourd'hui les hommes ?

— Pendant que les femmes avancent sur le territoire masculin traditionnel, beaucoup d'hommes ne veulent pas lâcher leurs prérogatives. Ce fameux patriarcat n'en finit pas. Nous sommes dans une société de plus en plus performante, de plus en plus exigeante, de plus en plus individualiste. Au fond, les hommes se retrouvent assis entre deux chaises. Nombre d'entre eux veulent changer, comprennent la nécessité même de ce changement, mais sont pris à la gorge par les contraintes imposées par la société.

Les hommes d'aujourd'hui n'ont-ils pas malgré tout commencé leur mutation ?

— Oui, les hommes ont déjà beaucoup changé. Par exemple, pour un jeune homme actuel, être un père qui ne s'occuperait pas du tout de ses enfants est presque impensable. Un message a été entendu que l'on voit d'ailleurs véhiculé dans les publicités. On peut penser qu'à la génération future les hommes seront moins méprisants, ne regarderont pas avec hauteur le partage des tâches domestiques. En ce sens, la révolution a vraiment commencé.

Que sont devenus les « hommes roses » dont on a beaucoup parlé au Canada ?

— Les hommes roses étaient la première vague d'hommes qui ont accompagné le mouvement féministe des femmes. Ces hommes avaient compris très tôt ce qui était en jeu, ils avaient subi eux-mêmes les répressions exigées par le patriarcat. Ils étaient souvent plus féministes encore que les féministes. Et celles-ci ne les aimaient pas beaucoup. Nous avons plus à faire maintenant à des hommes qui revendiquent le droit à la sensibilité, à son expression, à la paternité. Le combat est devenu plus social. J'ai d'ailleurs proposé un autre terme. Je parle d'hommes de cœur. L'appellation « hommes roses » ici a complètement disparu du vocabulaire.

Comment font ces hommes pour accepter leur vulnérabilité tout en gardant leur virilité ?

— Le problème se pose uniquement si vous vous situez dans un modèle binaire. Si vous dites : « C'est l'un *ou* l'autre. » Si vous dites : « C'est l'un *et* l'autre », il n'y en a plus.

Comment fait-on pour être l'un et l'autre ?

— Tous les êtres humains sont à la fois l'un et l'autre. Dans votre travail, à certains moments, c'est davantage votre sensibilité qui est exigée ; à d'autres, votre fermeté ou votre autorité. A la maison aussi, parfois, il faut mettre des balises aux enfants. Parfois il est également nécessaire de se montrer ferme avec votre partenaire, parfois plus doux. Je pense que les écueils de la virilité ne sont pas de ce côté-là.

Quels sont selon vous les écueils de la virilité ?

— Ce sont l'autoritarisme et le machisme. Certains hommes vont confondre douceur et mollesse. La question sera de réussir à allier douceur et fermeté. C'est ce qui est en jeu.

C'est une très belle idée...

— La douceur n'est pas la mollesse. Certains hommes, dans leur tentative d'intégrer leur sensibilité, ne l'avaient pas compris. C'est alors très insécurisant pour les femmes. Elles veulent des hommes capables de se contenir. La beauté des hommes vient de la capacité d'être en contact avec leur force, leur pouvoir, et de savoir les retenir au lieu de passer à l'acte, ou de les refouler. J'ai beaucoup travaillé sur le thème : « Qu'est-ce qui attire les femmes chez les hommes ? »

Je vous pose la question : qu'est-ce qui selon vous attire les femmes chez un homme ?

— Un homme qui a en lui une certaine fermeté. Si cette fermeté dégénère en violence, ce n'est pas attirant. A l'inverse, un homme qui ne sait jamais ce qu'il veut n'est pas intéressant non plus. Je me suis rendu compte que, si les hommes réprimaient leur virilité, ils se mettaient en position de faiblesse car il s'agit d'une situation d'inhibition ou d'explosion. Au fond, la force des hommes, c'est d'être en contact avec leur fermeté et leur virilité, et d'être capables de la contenir. C'est ce qui leur donne de l'éclat. Dans la mythologie grecque, Ulysse s'approche de l'île de Circé qui était réputée pour jeter son mauvais sort à tous ses amants. Que va-t-il faire ? Il va sortir son glaive de son fourreau, juste un petit peu, pour le faire briller au soleil. Et il va le remettre dans son fourreau et ne va jamais s'en servir. Il est le seul amant qu'elle ait épargné.

Pourquoi ?

— Parce qu'il lui a montré qu'il était capable de se défendre. Mais il n'a pas eu à utiliser sa force contre elle. Il s'agit en effet d'une histoire d'éclat. Il est en train de lui dire : « Je ne me suis pas castré, je n'ai pas réprimé ma capacité à me défendre, à me protéger, à attaquer ou même à m'affirmer. Et en même temps, je n'ai pas besoin de l'utiliser contre toi. »

Comme les grands maîtres d'arts martiaux qui n'utilisent leur force qu'en cas de danger extrême ?

— Oui, c'est exactement cela. C'est d'ailleurs un grave problème que nous rencontrons aujourd'hui avec beaucoup de jeunes adolescents. Nombre d'entre eux ont été féminisés. Au point qu'ils ne sont plus capables de tolérer aucun stress, aucune épreuve.

Ni frustration ?

— Exactement. Cette nouvelle génération n'est plus capable de tolérer la moindre frustration, et c'est problématique. Elle est passée d'un extrême à l'autre. Auparavant, le modèle patriarcal traditionnel était : on fait des hommes des héros qui endurent tout sans se plaindre. Ils mouraient huit ans plus tôt que les femmes parce qu'ils avaient emmagasiné de violentes émotions jamais exprimées et qui finissaient par les détruire. C'était le modèle masculin.

Et aujourd'hui, pourquoi la plupart des jeunes garçons ne tolèrent-ils plus la frustration ?

— Ces jeunes garçons-là ont souvent été élevés par des femmes monoparentales qui, on le sait par nos recherches, ont davantage tendance à s'adapter aux besoins de l'enfant. Ils ont donc été élevés par des mères plus attentives à eux mais sans la présence d'un père qui aurait pu leur dire : « Adapte-toi, ce n'est pas à nous de nous adapter à toi. » Résultat : ces garçons auront un taux de tolérance très bas à la frustration. Ils vont souvent avoir recours à des systèmes de compensation : drogue, alcool, comportements à risque, ou même suicide. Sans parler du décrochage scolaire parce que l'on exige de leur part une adaptation qu'ils ne savent pas fournir et ils ne comprennent pas pourquoi ils la fourniraient. Ce sont des hommes qui sont exactement à l'opposé des hommes fabriqués par le patriarcat. Et ce n'est pas une réussite.

Ne s'agit-il pas alors davantage d'une réaction que d'une révolution ?

— On pourrait dire que le balancier est allé de l'autre côté et que, par la suite, on va peut-être enfin trouver le juste milieu. Un père structurant est nécessaire.

On a jeté le bébé avec l'eau du bain...

— Effectivement, les garçons et les filles ont encore besoin d'une influence à la fois paternelle et maternelle, pas forcément de la part de leur père et de leur mère mais de la part de personnes qui acceptent de jouer ce rôle. L'un va davantage s'adapter à l'enfant tandis que l'autre va lui demander de s'adapter. Ces deux influences-là sont nécessaires pour apprendre à tolérer la frustration sans déprimer.

Le père peut-il selon vous jouer le rôle de la mère et inversement ?

— Dans les familles traditionnelles, on remarque que les mères ont plus tendance à être à l'écoute des besoins, des demandes de l'enfant, à trouver des jeux qui lui correspondent, et que les pères vont dire plutôt : « Ah non, cela ne me dit pas de jouer à ça, viens jouer dehors. » Reste que, aujourd'hui, dans un couple qui fonctionne, ce n'est pas toujours la mère qui s'adapte et le père qui demande des adaptations. Certaines mères ont un *animus* plus fort, et ce sont elles qui demandent à l'enfant de s'adapter. Et des pères qui ont une *anima* plus sensible vont s'adapter davantage.

Si l'un et l'autre sont interchangeables, est-ce à dire qu'il n'y aurait selon vous plus de différence entre hommes et femmes ?

— Non, fondamentalement, il y a une différence entre les hommes et les femmes. Quand un homme exprime sa sensibilité, il ne le fait pas nécessairement de façon féminine. Ce n'est pas une femme qui est en train de le faire, c'est un homme en train de revendiquer sa capacité à exprimer sa sensibilité. Et quand une femme s'affirme, elle n'est pas en train de le faire comme un homme.

Si nos deux parties masculine et féminine doivent s'accorder pour devenir des êtres humains à part entière, où se situe cette différence ?

— On peut s'entendre sur le fait que, de manière archétypale, le masculin est structurant et le féminin est davantage du côté de la communication, du langage.

... et de la sensibilité et de l'intuition ?

— Non ! Le féminin n'a pas le monopole de la sensibilité. Selon les dernières études scientifiques en neurobiologie, les femmes seraient davantage du côté de la logique. On avait toujours cru que les femmes étaient plus branchées sur leur cerveau droit, davantage lié aux émotions qu'à la reconnaissance des formes. Ce n'est pas vrai. En réalité, elles sont plus attachées à l'hémisphère gauche du cerveau. Elles le sont parce que, après des millénaires et des millénaires à rester au centre de la tribu à s'occuper des enfants, des vieillards, du feu, de la nourriture, à gérer le domaine domestique, elles sont plus logiques que les hommes. Et les hommes, eux, seraient davantage reliés à leur cerveau droit. C'est-à-dire à leurs émotions.

C'est un scoop !

— Si vous regardez la capacité des femmes à gérer la vie pratique, les hommes sont souvent très incapables dans ce domaine. S'ils ont développé tant l'intellect, c'est de façon compensatoire.

Ce serait une fuite ?

— Oui, à l'égard des femmes. Si on regarde par exemple du côté des grands écrivains ou des grands compositeurs, des êtres qui créent beaucoup d'émotions, on les trouve tous ou presque du côté des hommes. A part quelques exceptions. Selon ces mêmes études scientifiques, il y a un lien entre la plus courte espérance de vie des hommes et le fait qu'ils éprouvent des émotions plus profondes qu'ils ne parviennent pas à exprimer. Cela va raccourcir la durée de leur vie.

Selon vous les émotions les plus fortes seraient donc éprouvées par les hommes ?

— C'est logique d'une certaine façon. Qu'ont fait les hommes pendant des millénaires ? La chasse et la guerre. Ce sont de grosses émotions qu'il leur faut contenir tout en étant capables ensuite de passer à l'acte. Elles obligent à agir et à agir tout de suite. Dans l'action, la rapidité, avec un but précis, les hommes sont bons. A l'intérieur d'un couple, en revanche, cette réponse est moins adaptée.

Les femmes auraient donc des hommes une image fausse ?

— Oui, cela renverse la façon de penser les sexes. Cela les éclaire autrement. J'ai toujours souhaité que des femmes viennent dans les groupes d'hommes. Elles se rendraient compte que cette idée des hommes privés d'émotions est fausse. Lorsqu'ils se donnent la permission d'exprimer leurs émotions, il y en a tellement ! Le patriarcat n'a pas agi sur l'émotion des hommes mais sur leur droit à l'exprimer. Les femmes, elles, parce qu'elles étaient dans un milieu plus domestique, avaient le droit de le faire parce que cela avait moins de conséquences sociales.

Depuis la parution de votre livre *Père manquant, fils manqué*, les hommes ont-ils bougé ?

— La question fondamentale reste le besoin de pères capables d'être fermes et doux en même temps. Le patriarcat fournissait un modèle d'hommes coupés de leurs émotions. Nous avons été élevés dans l'idée qu'être des hommes c'est ne pas être comme les femmes. Or, les femmes s'occupent des autres, pleurent, crient, font des dépressions. On dirait que cet interdit est en train de se lever chez les hommes.

Beaucoup d'hommes aujourd'hui soit rejettent les femmes de façon assez violente après avoir passé une nuit avec elles, soit les quittent de façon tout aussi brutale après des années et des années de mariage. Certains hommes ne tenteraient-ils pas aujourd'hui de se libérer des femmes comme les femmes ont voulu à un moment donné se libérer des hommes ?

— Derrière ces comportements, il y a des conditionnements, des peurs très fortes, des frustrations, des croyances, des complexes. Ces hommes revendiquent de façon maladroite une part d'expression individuelle. Or, s'exprimer individuellement ne suffit pas. Le bonheur est lié aussi au fait de participer à une communauté, à une famille, à un couple. Le besoin d'être utile est aussi un facteur de bonheur. Un autre est de créer, de transformer. Les couples qui se disloquent sont ceux qui ne sont plus créateurs, transformateurs. Parfois, l'homme qui s'en va déclenche ainsi chez sa compagne une transformation. En ce sens, on peut dire que quelque chose de créateur est en jeu.

L'engagement d'un homme envers une femme a-t-il encore aujourd'hui un sens ?

— Pour moi, la question de fond est toujours : qu'est-ce qui rend heureux ? La fantaisie qu'offre la liberté dont l'on croit disposer est une illusion. C'est une mauvaise interprétation de la liberté, limitative, trop étroite. Ce n'est pas en se défaisant de ses engagements que l'on trouve plus de bonheur et plus de liberté. Dans un premier temps, oui, parce qu'une oppression se lève, dans un deuxième temps, non, parce que, au fond, notre être est très lié à la communauté à laquelle il appartient.

Quand des êtres croient qu'ils existent sans lien avec l'extérieur, le malheur s'installe. Si d'une part l'expression individuelle est importante, d'autre part le besoin d'être utile et de participer au monde, à l'humanité et à la communauté dans laquelle on vit, est tout aussi importante.

Est-ce qu'il n'y a pas de la part de certains hommes un mouvement de libération qui irait dans le sens : « Vous avez voulu votre liberté, prenez-là ! » Une sorte de paternalisme blessé ?

— Oui, ce sont d'inévitables réactions à ce qui est par ailleurs une avancée. Elles n'apportent pas de bonheur à long terme. On peut penser que d'elles vont naître des souffrances, des désespoirs, des grandes tristesses, et qu'à ce moment-là elles vont inviter à des transformations positives.

Les réactions que vous me décrivez, il y en a à la pelle. Elles ressemblent à des réactions d'hommes qui auraient placé leur absolu dans la relation, et quand cet absolu tombe, il y a une forte insatisfaction. Ce n'était pas là qu'il fallait chercher le bonheur. Mais ils ne le trouveront pas ailleurs non plus. C'est à l'intérieur que le bonheur se trouve. Il y a tellement de désarroi amoureux, cela va tellement mal entre les hommes et les femmes aujourd'hui ! Certains cherchent le bonheur dans des compensations de plus en plus intenses : de plus en plus de relations, de plus en plus de sexe, de plus en plus de tout. C'est toujours insatisfaisant et ils s'épuisent. Notre civilisation est en train de s'épuiser. Il y a beaucoup de dépressions, beaucoup de *burn-out*, parce que les gens ont oublié leurs ressources intérieures.

Est-ce que vous avez un conseil à donner aux femmes vis-à-vis des hommes d'aujourd'hui ?

— J'aurais le même conseil pour les hommes : être

fidèles à leur idéal intérieur, à leurs valeurs intérieures, à ce qui les anime, ce qui les fait vivre. Et ne pas traiter ces idéaux comme des buts mais comme des motivations – l'amour, le bien-être d'une communauté ou d'une famille sont de bonnes motivations. Nourrir et respecter leurs valeurs intérieures et exiger moins des autres et de la vie. Et ne pas s'aventurer sur des chemins ou avec des êtres qui ne partagent pas leurs valeurs. Il est très important de partager des idéaux. Quand deux êtres s'engagent par rapport à des idéaux, ils peuvent avancer plus longtemps à deux.

Les 7 changements des hommes d'aujourd'hui

Les hommes d'aujourd'hui ne sont pas seulement, comme on l'entend souvent, en plein désarroi. Ils sont surtout en pleine mutation. A travers leurs témoignages, j'ai pu identifier les sept changements qu'ils doivent accepter aujourd'hui comme autant de nouveaux défis.

PREMIER CHANGEMENT : LA REMISE EN QUESTION

Les hommes aujourd'hui sont *contraints d'évoluer*. Beaucoup le disent dans ce livre, ils sont acculés au changement. S'ils y sont souvent poussés par leur femme, ils le sont aussi par la société tout entière. Les valeurs dites auparavant « masculines » de l'autorité, du pouvoir, du prestige institutionnel ne suffisent plus à asseoir leur identité d'homme. Ils n'en ont plus le monopole. De plus, ces valeurs ne sont plus suffisamment sécurisantes et solides pour pouvoir s'y appuyer. Aujourd'hui aucun homme, même au plus haut niveau, n'est à l'abri d'une faillite, d'un licenciement, d'un divorce, d'une maladie ou d'un passage à vide.

Cesse-t-on pour autant d'être un homme ? Pour l'avoir cru, beaucoup tombent dans la dépression. C'est leur vision du monde et d'eux-mêmes qui s'écroule. D'autres, heureusement de plus en plus nombreux, une fois l'onde de choc amortie, font de cette crise l'occasion d'une remise en question en profondeur qui leur permet de découvrir, au-delà des faux-semblants et des apparences, qui ils sont vraiment.

« On croit souvent qu'à dix-huit ans l'éducation est terminée. Moi, je pense que c'est toute la vie que l'on grandit et que l'on évolue », dit l'un des hommes interrogés. C'est peut-être ce qui explique l'arrivée massive des hommes en psychanalyse. Un phénomène nouveau. Seules, ou presque, les femmes acceptaient auparavant de suivre une thérapie.

La force aujourd'hui a changé de camp. Elle n'appartient plus comme aux temps anciens à ceux qui ont le plus de muscles. Ni même, comme aux temps dits « modernes », à ceux qui sont le plus brillants intellectuellement. Pour être un homme, les diplômes ne suffisent plus. La force appartient à ceux qui ont le courage de regarder leurs faiblesses en face, de décider d'en tirer une énergie nouvelle pour se transformer et renouveler leur vision du monde et d'eux-mêmes. C'est alors seulement qu'ils peuvent repartir sur de nouvelles bases, et redresser la tête.

DEUXIÈME CHANGEMENT : CHOISIR SES PROPRES REPÈRES

Une redéfinition aussi radicale de l'homme ne peut se faire sans retours en arrière et sans contradictions [1]. Hier, l'homme se glissait dans un rôle clés en main. Il suivait des rails tout tracés par sa famille et la société. Pour schématiser, parce qu'il était le pourvoyeur économique, il

1. Il en est de même des femmes. Voir *Les Ambivalences de l'émancipation féminine*, de Nathalie Heinich, Albin Michel, 2003.

était le centre du foyer. Autour de lui gravitait sa femme à qui il déléguait entièrement l'éducation des enfants. Il devait être fort, ne jamais exprimer ses doutes, sa sensibilité ou sa tendresse. Ses maîtres mots : devoir, pouvoir, compétition. Aujourd'hui, l'homme s'occupe de ses enfants et le revendique. Les termes « plaisir » et « lâcher prise » font à nouveau partie de son vocabulaire. Ses maîtres mots : écoute, authenticité, épanouissement personnel. Il est prêt à sacrifier l'« avoir » au profit de l'« être ».

Si l'ancien modèle est révolu, les valeurs qu'il incarne restent pourtant bien présentes, et pas seulement dans les mémoires. De nombreux hommes aujourd'hui sont déboussolés parce qu'ils sont encore à cheval entre deux mondes. Ils accueillent la nouvelle donne sans savoir quoi faire de l'ancienne. En eux cohabitent les deux modèles ainsi que la ribambelle de valeurs et de repères qui leur sont associés. C'est une guerre intérieure qu'ils vivent en permanence et tentent d'étouffer à coups de compromis et de perpétuelles négociations. Les hommes d'aujourd'hui se sentent tiraillés en permanence entre les deux facettes de leur personnalité. S'ils veulent aimer, s'épanouir et « être eux-mêmes », c'est rarement sans culpabilité. Cette profusion de valeurs sème en eux la confusion. S'ils veulent en sortir, ils doivent trancher : choisir leurs repères, s'ouvrir à de nouvelles valeurs et se bâtir leur propre architecture spirituelle.

TROISIÈME CHANGEMENT : CONQUÉRIR SA FÉMINITÉ

L'une des plus intéressantes découvertes selon moi de cette enquête est un paradoxe. Pour retrouver une nouvelle virilité débarrassée des artifices et des scories du passé, *les hommes doivent retrouver le chemin de leur féminité intérieure*. Choquant ? Pas si l'on se souvient que les femmes, elles aussi, pour accéder à leur identité de femmes, ont dû reconquérir leur masculinité : indépendance financière et professionnelle, liberté d'action et esprit de compétition. C'est à ce prix qu'elles peuvent aujourd'hui se permettre d'être, si elles le souhaitent, des femmes à part entière et de choisir ou non de s'abandonner dans les bras d'un autre.

Il en est de même pour les hommes. Le renversement qu'ils doivent opérer est de 180°. Comme le dit justement l'un des témoins, ils ne peuvent plus se contenter d'être des moitiés d'être humain. Il est devenu banal de dire, à la suite de Freud, que nous sommes tous bisexués, homme et femme à la fois.

La partie masculine de la femme, si elle est vécue inconsciemment, si elle n'est pas assumée, si elle ne s'exprime pas au grand jour, peut par exemple induire chez elle ce qu'on appelle de l'« animosité ». Exprimée, assumée au grand jour, elle devient au contraire pour la femme une force capable de la propulser dans le monde.

La partie féminine de l'homme, si elle reste inconsciente, si elle n'est pas assumée, si elle ne s'exprime pas au grand jour, peut par exemple l'induire à de la mesquinerie ou de la lâcheté. Il est en effet alors gouverné par ses peurs, ses craintes, ses désirs. Emotions aveugles, irrationnelles, vécues dans l'ombre qu'il refuse obstinément de regarder en face.

Et pourtant. Cette part féminine de l'homme, lorsqu'il l'assume et l'exprime au grand jour, à la lumière de la raison, devient sensibilité, intelligence du cœur, qualité d'être et savoir-vivre au sens premier du terme. Elle donne aux hommes une profondeur, une envergure, une dimension analogue à celle d'un Gandhi ou d'un Martin Luther King, pour ne citer que les plus célèbres.

Encore trop souvent, l'homme vit sa part féminine à travers la femme qu'il aime. Il lui attribue, comme à un porte-parole, la mission d'exprimer ce qu'il ressent. Il dépose en elle, comme il le ferait dans une banque, ses sentiments, sa sensibilité, son intuition. Il lui en confie la responsabilité et la gestion.

Aimer, encore aujourd'hui pour les hommes, c'est souvent pour eux se déposséder d'une part essentielle d'eux-mêmes. Dans cette configuration, on peut comprendre pourquoi ils ont si peur de l'amour. « La première chose à craindre, dit l'un des témoins, c'est qu'une femme dont vous seriez amoureux vous mène là où elle veut. »

On peut comprendre aussi pourquoi, dans 75 % des cas, l'initiative du divorce appartient aux femmes. Lorsqu'un homme se sépare de son épouse, c'est souvent son cœur qu'on lui arrache. Puisqu'il en a fait le réceptacle de son âme et de son affectivité, on peut même comprendre – c'est plus difficile ! – le besoin qu'a parfois un homme de posséder une femme, de la garder recluse ou de la mettre sous voile. De peur de la perdre, et son âme avec.

De même qu'une femme ne peut plus se permettre de dépendre d'un homme sur les plans politique et financier, ni se contenter de vivre par procuration sa réussite sociale et professionnelle, l'homme, s'il veut retrouver son identité, ne peut plus vivre son affectivité à travers sa mère ou son épouse. Il doit conquérir et se réapproprier l'autre côté de son être, la partie peut-être la plus vulnérable, celle qui le réconciliera avec son humanité.

Cela ne se produit pas sans heurts ni obstacles.

QUATRIÈME CHANGEMENT : ACCEPTER SA VULNÉRABILITÉ

Reconnaître sa vulnérabilité pour un homme est si difficile, selon lui si contre nature, que, la plupart du temps, seule une épreuve majeure comme un divorce, une séparation, le deuil d'un être cher ou même un licenciement peut le forcer à sortir de sa coquille pour regarder ses émotions en face.

La majorité des chercheurs en neurosciences est d'accord aujourd'hui pour considérer que le cerveau gauche est plus développé chez les femmes et le cerveau droit chez les hommes. La femme est plus portée sur le partage verbal et la communication, elle a besoin de partager ses idées, ses sentiments, ses émotions, tandis que l'homme contrôle et retient les siens. Il est centré sur l'action et la compétition. En résumé, *la femme est moins émotive que l'homme mais s'exprime davantage alors que l'homme est en réalité plus émotif que la femme, mais il n'exprime pas ses émotions*[1].

Cela lui demande d'aller puiser dans ses énergies profondes. De laisser tomber le masque et les illusions, de savoir se défaire pour un temps de sa panoplie de superhéros sans laquelle beaucoup encore aujourd'hui ne se sentent pas des hommes. De prendre conscience de ses peurs d'enfant, toujours tapies au fond de chacun d'entre nous. De ne plus se réfugier comme beaucoup avaient encore tenté de le faire dans les années 80 derrière le fric, la frime ou même la réussite sociale. La belle époque des « start-up » et des « traders » appartient désormais au passé. « Je suis vraiment tombé du piédestal où je m'étais mis », dit l'un des témoins.

« Quand on prend conscience de ses propres fragilités, dit l'un des psychanalystes interrogés, on devient conscient des fragilités de l'autre et de son humanité... » Accepter ses propres vulnérabilités, c'est aussi prendre conscience de celles des autres, être capable de les reconnaître et de les accueillir sans pour autant prendre pouvoir sur eux.

C'est donner aux femmes, échaudées par l'expérience de leurs ancêtres, souvent barricadées derrière un mur

1. Conférence du psychothérapeute Serge Ginger, « Cerveau droit, cerveau gauche, la différence entre les hommes et les femmes ».

de protection, la possibilité de se débarrasser de leur armure et de montrer leur âme à nu, sans craindre l'abus de pouvoir et la domination. C'est pouvoir enfin entrer en relation avec l'autre.

« La vulnérabilité, dit un théologien[1], est la capacité de réceptivité et d'empathie qui permet aux êtres humains de reconnaître et de se soucier de leur responsabilité les uns vis-à-vis des autres. » Autrement dit, c'est seulement si l'on se sait soi-même vulnérable que l'on devient véritablement capable d'avoir des responsabilités et du pouvoir sur autrui.

CINQUIÈME CHANGEMENT : SAVOIR VIVRE SA VIRILITÉ

Etre capable d'accueillir cette facette enfouie de lui-même nécessite de la part des hommes de la force, de la puissance, de la détermination, de la confiance en soi et en la vie. C'est un autre paradoxe de cette enquête. Reconquérir sa féminité intérieure *oblige à être viril*, sous peine de sombrer dans la passivité, de devenir une victime ou de virer à l'homosexualité. Nombreux sont aujourd'hui les hommes qui se laissent envahir par leur *anima* au point de se montrer trop doux, trop effacés, trop passifs. Souvent par culpabilité. Ayant pris conscience des dégâts causés par leur père sur leur mère ou même leur grand-mère, ils ont cru bien faire en abandonnant purement et simplement leurs prérogatives. Les uns n'osent plus affirmer leur point de vue et laissent leur femme tout régenter tant sur le plan économique que pratique. D'autres mettent entre parenthèses leur personnalité pour éviter les conflits. Pour plaire. Ou encore demandent à leur femme d'avoir de l'ambition à

1. Sturla Stalsette, théologien norvégien, dans un pamphlet intitulé *Vulnérabilité et sécurité.*

leur place ou de leur faire découvrir le monde, ce que les femmes attendaient souvent auparavant d'un homme. De nombreux psychanalystes dans ce livre tirent la sonnette d'alarme. De plus en plus d'hommes aujourd'hui se refusent sexuellement, y compris à des femmes qu'ils aiment. Une manière pour eux de reprendre le pouvoir, comme le faisaient auparavant les femmes dont le seul pouvoir était souvent de se refuser au lit.

Tout se passe comme si les hommes étaient allés d'un excès à l'autre. Ils avaient autrefois refoulé, méprisé, réprimé, bafoué la partie féminine d'eux-mêmes. Ils s'y sont parfois aujourd'hui entièrement soumis, abdiquant leur virilité. Au Québec, on les appelait les « hommes roses ». C'est aux hommes d'aujourd'hui que revient le défi de trouver l'équilibre entre ces deux tendances.

Savoir être viril, c'est être actif plus que réactif. Etre ferme sans pour autant être rigide. Etre capable de choisir, faire preuve de clarté. Pénétrer pas seulement le corps mais aussi les émotions, les sentiments, la sensibilité de l'autre, au sens de comprendre et d'éclairer. La vulnérabilité ne sera alors plus synonyme de faiblesse mais d'humanité. Elle pourra devenir ouverture, sensibilité, porte d'accès aux autres et au monde. C'est ainsi que l'homme pourra se découvrir enfin homme à part entière, capable d'intégrer, de respecter et de donner sa place à chacun des deux pôles de sa personnalité.

SIXIÈME CHANGEMENT : TROUVER L'HARMONIE ENTRE SES POLARITÉS MASCULINE ET FÉMININE

Les hommes doivent apprendre aujourd'hui à *conjuguer les deux facettes d'eux-mêmes, masculine et féminine, sans renier l'une, ni renier l'autre.* « Etre un homme, c'est être soi-même », dit l'un des témoins. Or, jusqu'à présent, les hommes ont été habitués à scinder sentiments et raison. A se couper de leur vie émotionnelle profonde pour se consacrer à l'intellect.

Beaucoup d'hommes avancent dans la vie de façon bancale comme s'ils marchaient sur une seule jambe. Ils s'en tiennent aux apparences, à ce qui est superficiel, à ce qui se voit, plus qu'à la réalité profonde des choses. Leur compréhension est « seulement » mentale, intellectuelle, donc déconnectée des réalités du cœur et du corps. Ils rationalisent selon leurs préférences, cherchent à se justifier et à se protéger. Ils n'ont pas une compréhension profonde du sens de leur existence. Et ils sont aujourd'hui désorientés et confus devant la multiplicité des choix professionnels et sentimentaux qui s'offrent à eux.

On avait dit aux hommes qu'avoir ce qu'ils appelaient des « états d'âme » brouillait les cartes et obscurcissait l'entendement. Or, la fragilité, la faiblesse sont des caractéristiques de l'être humain, tout autant que le courage et la grandeur. C'est seulement s'ils sont conscients à la fois de leur pouvoir et de leur vulnérabilité que les hommes pourront agir de façon juste [1]. Sans occulter une moitié de la réalité.

Les hommes doivent aujourd'hui apprendre à considérer leur sensibilité, une fois canalisée et organisée par l'esprit et la raison, comme une nouvelle source, utile, vitale, d'information. A l'échelle planétaire, c'est le même mouvement qui inspire la prise de conscience écologique : la nécessité de redonner à la nature sa juste place face à la technologie et aux impératifs de rentabilité.

L'écrivain Rudyard Kipling qui était, comme tout génie, en avance sur son temps, avait compris avant nous ce nécessaire équilibre entre nos polarités masculine et féminine, entre ce que les Orientaux appellent le yin et

1. *La Vulnérabilité, clé des relations*, de Véronique Brard, Le Souffle d'or, 2003, p. 102.

le yang. Etre un homme, pour lui, c'était « pouvoir être fort sans cesser d'être tendre », « aimer sans être fou d'amour », « rêver sans laisser le rêve être son maître », « penser sans n'être qu'un penseur », ou même « voir détruit l'ouvrage de sa vie et sans dire un seul mot se mettre à rebâtir ». C'est en effet à la condition de reconnecter la raison et le cœur que les hommes seront capables de vivre en toute conscience leurs passions, sans les subir ni se laisser emporter par elles.

SEPTIÈME CHANGEMENT : FAIRE L'APPRENTISSAGE DE LA RÉALITÉ DU QUOTIDIEN

C'est l'étape ultime qui accomplit et vérifie souvent toutes les autres. Les hommes aujourd'hui sont en train de comprendre que leur identité ne repose pas seulement sur leurs performances sexuelles, professionnelles ou sociales, mais sur leur réalité d'être humain. Si la peur d'être seul hante aujourd'hui nombre d'entre eux, la solitude est pourtant souvent un passage obligé pour *conquérir une réelle autonomie*. Ils doivent alors faire l'apprentissage de *la réalité du quotidien*, apprendre à cuisiner, faire leurs courses, parfois leur ménage. C'est pour eux une école, habitués qu'ils étaient à régner en patriarche et souvent à être servis. Une leçon d'humilité. Le mot vient de *humus* qui veut dire en latin la terre. Cette humilité-là leur permet, loin de tout orgueil technologique, intellectuel ou scientifique, de contacter leurs racines, c'est-à-dire leurs réels besoins.

Beaucoup y prennent goût, retrouvent ainsi une liberté et une nouvelle jeunesse. Aussi étonnant que cela puisse paraître, pour nombre d'entre eux et quel que soit leur âge, c'est la sortie définitive de la dépendance à la mère, la coupure du cordon ombilical, la fin du nourrisson tout-puissant à qui tout est dû. De cette confrontation avec la matière, ils tirent liberté, joie de vivre et force.

Les hommes d'hier s'étaient arrogés ce qu'ils avaient cru être la seule partie noble de l'être humain : le cerveau. S'il leur arrivait de se vanter de leurs prouesses intellectuelles, passant d'un concept à l'autre avec une déconcertante facilité, ils étaient aussi capables, dans cet univers virtuel où tout est possible, d'affirmer une chose et son contraire dans la même seconde. Pris dans leur échafaudage mental, ils ne sentaient ni leur tristesse, ni leur peur, ni leur angoisse, ils n'avaient donc plus de lien avec leurs besoins. Ainsi, pendant longtemps, seules les femmes se préoccupaient de leur corps. Les hommes eux, s'étaient coupés de leur réalité physique et émotionnelle. Beaucoup ne la percevaient même plus. Aujourd'hui au contraire, la plupart des nouveaux magazines masculins mettent en valeur le corps des hommes. Les moins de trente-cinq ans se mettent à utiliser des laits corporels ou des masques pour le visage. Toutes ces réalités, plus terre à terre que les grands projets dont ils étaient coutumiers, les hommes sont en train de se les réapproprier. C'est à cette condition qu'ils pourront trouver une nouvelle manière d'être, de vivre et d'aimer.

Une fois reconnues l'importance et la valeur du quotidien et de la vie, de plus en plus d'hommes qui se laissaient auparavant dévorés par leur carrière au détriment de leur famille mettent désormais leur ambition non plus au service de l'entreprise ou de l'Etat, mais de leur foyer et de leur vie.

*

Ce chemin emprunté aujourd'hui par les hommes, les femmes peuvent le suivre aussi. Elles peuvent relire ce livre à la lumière, non plus des hommes de leur vie, mais d'elles-mêmes. Ces cinquante dernières années, elles ont en effet dû souvent, elles aussi, exalter leur part masculine. Beaucoup d'hommes en témoignent, elles se sont cadenassées, barricadées, allant même parfois, comme les hommes l'avaient fait, jusqu'à mépriser leur propre féminité. Ces « femmes-mecs » peuvent parfois, les hommes en témoignent, tomber dans les bons vieux travers masculins et utiliser les hommes comme de simples objets de plaisir. Il y a de moins en moins de différence entre les sexes, nombreux sont ceux qui le soulignent dans ce livre. « Hommes, femmes, dit l'un des hommes interrogés, ce sont maintenant des fonctions que l'on attribue à des personnes. »

En ce sens, nous avons tous pour mission de devenir hommes et femmes à la fois, des êtres humains complets. Puisse ce livre vous y avoir aidé.

POUR ENTRER EN CONTACT AVEC L'AUTEUR

valerie.colin-simard@wanadoo.fr

Remerciements

Un grand merci à Marie pour sa patience, à T. pour sa générosité, à Florence Vidal pour son attention, à Camille Reeves qui m'a accueillie chez elle pendant l'écriture de ce livre, et surtout à Muriel Beyer pour sa confiance, à toute son équipe et tout spécialement à Mathilde pour son enthousiasme.

Table

Photocomposition Nord Compo
Villeneuve-d'Ascq, Nord

Cet ouvrage a été imprimé sur presse Cameron
par **Bussière Camedan Imprimeries**
à Saint-Amand-Montrond (Cher)
pour le compte des Éditions Plon
76, rue Bonaparte
Paris 6e

Achevé d'imprimer en février 2004.

N° d'édition : 13737. — N° d'impression : 040723/1.
Dépôt légal : février 2004.
Imprimé en France